谜案复盘

一桩建筑设计案的备忘录及其他

石亚西　著

中国法制出版社
CHINA LEGAL PUBLISHING HOUSE

图书在版编目(CIP)数据

谜案复盘：一桩建筑设计案的备忘录及其他 / 石亚西著. —北京：中国法制出版社，2022.11（2023.4重印）

ISBN 978-7-5216-2965-1

Ⅰ. ①谜…　Ⅱ. ①石…　Ⅲ. ①建筑法—研究—中国　Ⅳ. ①D922.297.4

中国版本图书馆CIP数据核字（2022）第190545号

策划编辑：赵　宏

责任编辑：冯　运　　封面设计：汪要军

谜案复盘：一桩建筑设计案的备忘录及其他

MI'AN FUPAN: YIZHUANG JIANZHU SHEJI'AN DE BEIWANGLU JI QITA

著者 / 石亚西

经销 / 新华书店

印刷 / 北京虎彩文化传播有限公司

开本 / 880毫米 × 1230毫米　32开　　印张 / 8　字数 / 145千

版次 / 2022年11月第1版　　2023年4月第2次印刷

中国法制出版社出版

书号 ISBN 978-7-5216-2965-1　　定价：48.00元

北京市西城区西便门西里甲16号西便门办公区

邮政编码：100053　　传真：010-63141600

网址：http://www.zgfzs.com　　**编辑部电话：010-63141832**

市场营销部电话：010-63141612　　**印务部电话：010-63141606**

（如有印装质量问题，请与本社印务部联系。）

目录

CONTENTS

自序

在法学与文学之间

一、破心中贼

古罗马诗人、哲学家卢克莱修说：“最广义的法，是指源于物之属性的必然关系。”

一桩预计数年才能办完的建筑案件，数月即告终，结果完胜，超乎预想。委托人自己都不敢相信：这么简单，会不会“事出反常必有妖”？至今，委托人内部仍意见不一：案件是否尘埃落定？事情会不会反转？——我想这本书能作答。

收案时异常复杂，结案时极其简单，个中缘由，律师自然知道。除运气等因素外，关键在于：诉讼期间，借提起管辖权异议，委托人自行委托了鉴定，管辖权异议在一定程度上为自行委托鉴定正了名；否则，若申请司法鉴定，案件大概率会延续数年。

子曰："名不正则言不顺，言不顺则事不成。"正名，不一定意味着事成，但依名实之辩，它已经指向卢克莱修"物之属性的必然关系"。

简单，源于复杂，从复杂到简单，即是本书成书的过程。"事出反常必有妖"，这个妖——疑神疑鬼，是心中贼，在你我心中，也在本书中。本书同时也是一个驱逐心中的妖、破心中贼的过程。

二、成书过程

凡大案、要案，在办案过程中，我都会写备忘录，以备应对、进退。本书所述案件并非大案、要案，然而却是我代理过的最复杂的建筑纠纷之一，故要求自己也写备忘录，但尝试着换一种写作方式，以写故事的方式为之。任何一个案件，对于对方当事人和法官而言，无疑也是一个故事，一个正在生成的故事。你的故事与对方的故事、与法官的故事是否对接，如何对接，我相信会影响案件的走向，甚至决定案件的结果。

写作过程中，明显感到有三种思维在影响着我对案件的处理：科学思维、法律思维和神鬼八卦思维（对那些可能影响案件但又难以捉摸的因素的考量，表现为疑神疑鬼或相信某种机缘巧合等，受朗宓榭《小道有理》一书的影响，我姑且称之为神鬼八卦思维）。当初预估案件需要三五年的时间，备忘录大概二十万字，不料三五个月即见生效判决，故本备忘录初稿不到六万字。上诉期十五日内（本案各方均未上诉），将备忘录中当时已经写到但未敢深入的神鬼八卦思维予以展开，以恢复当时思维的完整，这就形成了本书正文。之后，加上注释、附录、自序和后记，即成此书。

本书中的案件可简述如下：

“达州市K县一国资工程，施工至主体结构完工后，屋面、楼面开裂，经鉴定系设计失误（配筋不足）所致。加固费700多万元，设计单位赔偿了140万元，其余由财政垫付。后达州市监察委介入，向K县政府出具监察建议：应追回财政垫款。项目业主因此向法院起诉设计单位和审图机构，诉请赔偿600多万元。因设计合同约定仲裁（后发现相应的仲裁机构尚未成立），设计单位据此向法院提出管辖权异议，并在此期间自行委托鉴定。鉴定结论：原设计确实配筋不足，若配筋足够，造价会增加400多万元（这应从事故损失中扣减）；施工工艺和温差效应也是事故原因。庭审查明，项目业主尚欠施工单位工程款300多万元，但两者还未形成结算。最后，法院以加固工程未结算，工程质量事故损失不明，即原告的诉讼请求不明，驳回了项目业主的诉讼请求。”

从以上描述可知，本案非常简单；之所以简单，是因为这种描述是事后描述。争讼如同作战，本书是作战备忘录：作战计划+作战行动+作战记录；其成书过程的性质是边战边写，边写边战，写战合一，写即是战。所以，本书中的案件可以说是其自己生成的，我称之为“案件本身”。而上述描述是本书中所称的“二手货案件”（借用安·兰德《源泉》中的二手货概念），所以简单。在这种“二手货案件”中，你看不到案件的起伏跌宕、一波三折，你无从感受当事人和律师所面临的压力（本书就是在这种压力下写成的），更无从知晓为什么对方不撤诉重来，或案件是否会以再审的方式或其他方式卷土重来。而本书能让读者领略这些。

三、本书特色

作为非虚构作品，本书无一语不真实，不管是外在的行为事实，还是内在的思维事实。这种真实性，应该经得起挑剔。书中反复写到神鬼八卦思维（可归于艺术思维范畴），因其不仅是我在办案过程中真实的思维体验，我更想探寻一下三种思维是怎么作用于我的。现在大抵可以简单地说：能证伪、可试错的是科学思维——求真的领域；不能证伪、不可试错的是神鬼八卦思维（最高境界是形而上学）——审美的领域；连接此两者的是法律思维——至善的领域。由是想到罗素在《宗教与科学》中的一段话：

“赖基在《理性主义史》（History of Rationalism）中详细论述了巫术问题。他指出一个奇怪的事实：对借助恶魔的那种魔术的可能性的信念，不是通过对这个问题的辩论，而是靠普及法治的信念来消除的。”

本书也是在从个体的角度、个案的角度体验这个“奇怪的事实”——驱逐心中的妖（祛魅），不能只靠科学，还要靠法律（罗素是数学家、哲学家，非法律人，故言“奇怪”）。在这种体验中，神鬼八卦思维与科学思维，名与实，事物自诩如是与事物实际如是，自由意志及其实证消解，甚至数学与现象学……所有这些，有些已浮现在本书中，有些还潜藏在书底，感觉它们似乎就是不同的面具、可借法律思维中的名实之辩来辨识打通（我猜想，如果哪一天科学家让计算机懂得了名实之辩，强人工智能就真的诞生了，标志却是机器也学会了神鬼八卦，能语怪力乱神——能语，才彰显自由意志，可至美；能语而不语，则至善。对称思考，科学实现强人工智能的难度有多大——彭罗斯认为这是“皇帝新脑”，则其驱逐人们心中的妖的难度就有多大，所以，逐妖不能单靠科学，还要靠法律。进一步来看，如果法律思维有助于逐妖，则其应有利于科学家们实现强人工智能）。

作为非虚构作品，介于法学和文学之间，读者可能没有见过比这更加真实的案例。你见过的案例都是他人或你自己事后描述的案例，而不是其自己生成的案例。事后描述的案例，经过记忆的剪裁并掺杂着描述者的主观意见（后见之明），是二手货，非案件本身。将这种思路引向极致，则可偏颇地说，法院的判决书亦如此，在其中你见到的不是案件本身（客观真实），而是对案件本身的映射（法律真实）——用波斯纳的话来说更夸张，司法更多的是将案件“头脑清醒地对付或糊弄过去”。

举例来说，若不当事，很多人都会觉得自己能对天下大案点评如神，因为你面对的是二手货案件。而一旦当事，就算一张简单的借条，可能都会让你疑神疑鬼，怀疑其效力，忧虑其表述之歧义，而惊异案件本身之不可捉摸，因为此时你已经面对案件本身。夸张点说，不当事，你是神仙，一当事，你就是神经质；无论神仙或神经质，都意味着你心中有“妖”。不当事时，你心中的妖有如鲁迅先生所言《三国演义》“状诸葛之多智而近妖”之妖，有一种艺术的魅力，会给你带来不同层次的审美感；一当事，审美距离消失，你心中的妖会变成真正的妖，否则你不会疑神疑鬼而举棋不定。因此，读一读本书，能让读者认识真正的案件而非二手货案件。阅读过程中，读者可以试一试自己对本案的感觉是能点评如神还是感到捉摸不定，若是前者，读者也许能获得旁观案件的审美感，若是后者，本书或许能成为一本“法林秘籍”，可帮助读者驱逐心中的妖。

其实，我们每一人，都是潜在的当事人。你的事业越大，你成为当事人的可能性越高，备一本“法林秘籍”，或许真能让你笑傲江湖呢。退一步看。万一哪天你真的官司涉身、一筹莫展甚至走投无路时，与其病急乱投医或求神拜佛，不如读一读本备忘录，也许它能给你一丝灵感，一些勇气，一点技艺，让你去生成你自己的案件，从而对你也起到备忘之用。这个“你”，据统计资料显示，在我国每年大概是几千万人（根据最高人民法院工作报告，2020年全国审结一审民商事案件1300多万件）。

四、本书与小说的异同

本书正文的写法大体上是小说的写法。为什么这么写？除故事叙事所需外，可能我骨子里就期望读者把本书当作法律小说来读：本书不是在分析论述法律与文学的关系，而是在实践法律与文学的关系。“法学应当使外行人也感兴趣”，这是波斯纳对其著作的追求，我仿效之。

这种写法，在一些作家看来，也许四不像：非专著、非散文、非韵文（诗歌）、非小说（虚构作品）。但从文体的角度看，本书应属于散文，我愿拗口地称之为“非虚构故事性讼争散文”。

作为非虚构作品，本书不同于我国传统小说。传统小说“语怪、诲淫、诲盗”，终是小道，而本书因其法学成分有点倾向于大说。

本书不同于欧美小说（Novel或Fiction）。该等作品，其源头可追溯至《伊利亚特》《奥德赛》，甚至《圣经》，有其神话和宗教背景，在一定程度上可媲美我国的大说。律师出身的福楼拜说：“神祇已然退位，基督尚未来临，在西塞罗和奥勒留之间，历史出现了一个独特的时期：神子孑然独立。”从这种喟叹中似乎可以窥见欧美小说的天机：Novel或Fiction是西方宗教没落过程中的一种替代性补偿。

勒南在《耶稣传》中说：“中国很早就有了中庸的良知，从而避免了重大过失。她既未从宗教中受益，也未从中受损，总之，就指引人类大潮而言，她未曾在这方面发生影响。”勒南的这句话，窃以为用来形容我国传统小说的命运更合适：小说者，小道也，不足以影响我国，何以指引人类大潮？

受西方Novel或Fiction的影响，本书与我国近现代严肃小说有共同的旨趣：努力倾向于大说。区别在于，我国近现代小说在不同程度上有虚构的成分，而本书无所虚构。但这与其说是质的不同，不如说是量的差异（本书对人名、地名也做了一些处理）。

五、本书读者

1.建筑界、法律界职业人士。作为争讼战记，本书有其实用功能，书中所述建筑设计侵权、工程鉴定、提出管辖权异议后能不能不去开庭等问题，是相关职业人士绕不过去、必须面对的。与纯专业著作不同的是，本书还涉及这些问题的隐性知识（工匠知识）。因此，如何面对这些问题，读过本书的人较没有读过的人，能占先手。

2.在校师生。如前所述，本书中的案件是其自己生成的，边战边写这种写作方式，搜寻历史，就我的阅读范围而言，也许只有《高卢战记》可能是这样的。所以，本书有其史料价值，能为研究讼争提供第一手的资料，能让在校学生体会案件本身而非“二手货案件”。

3. 当事人和潜在当事人。当事人应像法律人一样思考，甚至像律师一样自己“代理”自己的案件。作为律师，这是我的一个理念，我称之为“自己代理自己”，律师也应该支持、帮助当事人自己“代理”自己的案件。这个理念来自这样一些现实：很多当事人请不起律师而不得不自己“代理”自己的案件，请得起律师的也不一定知道该请什么样的律师或怎么跟律师打交道。本书应有助于当事人和潜在的当事人以卢埃林所说的“粗犷实用的常识”，屏蔽滋彰法条歧义丛生的困扰，对自己的案件形成一种透视的感觉，从而能够自己“代理”自己的案件或更好地与律师打交道。

4. 对汉语文字表达有兴趣的读者。本书语言体现了一种努力——力图将汉语语言的实用性和艺术性结合在一起，窃慕色诺芬《长征记》“其文体风格之美妙赛过其故事情节之动人”。构成本书一部分的法律文书（见附录），已有这种努力的意味（本书写毕后，感觉如能重写这些法律文书，可能会写得更好，但这对于案件的真实性而言，无异于作伪，故强献丑于后）。

六、本书目标

最后提醒，本备忘录终究是写给我自己和我的当事人用于争讼作战的，纯为消遣（智力消遣除外），则不建议读本书，读之烧脑；非读不可，则建议跳着读，跨过专业部分，或随意翻看，直奔你想看的主题或语言，或倒着看（这有助于领略本案）。书中有一些看似与案件不相关的写景状物，其实是我在办案过程中的一种压力释放，希望能给读者提供一种阅读中的调剂旁观（读者也可只看调剂部分，真正地旁观案件）；当然，我更想以此体现简·奥斯丁所说的“让别的作者来描写罪行和痛苦吧。我尽快抛开这样一些令人厌恶的话题，赶紧让那些没有重大过失的人恢复他们差强人意的愉快生活”。由此反观本书，书中的任何一句话、任何一个字，看似不经意的插曲，“私货”或题外话，都与本书的目标有关。

“赶紧让那些没有重大过失的人恢复他们差强人意的愉快生活”，这是本案（一起民事案件）的目标，也是本书的目标。

注：为了方便读者阅读，附《书中主要人物一览表》。

书中主要人物一览表

原告：工程项目业主，K县一家国有公司

被告一：设计单位成都分公司

被告二：设计单位北京总公司

被告三：审图机构

Y法官：K县法院法官

张律师：原告代理律师

石律师：书中的“我”，被告一的代理律师

蒲律师：被告三的代理律师

孟总：被告一的负责人

朱芳禾：孟总的合作伙伴

潘老师：本案设计项目负责人，被告二的代理人

江珊：被告一的行政主管、代理人

小潘：本案工程设计师

郭云峰：朱芳禾拟聘请的律师

D律师：施工单位法律顾问

蔡洪儒：工程鉴定专家、第二次鉴定负责人

肖总：对第二次鉴定发难的建筑专家

张林：庭审旁听者

庭审中蒙着半张脸的人：身份不详

此外，还有小段、陈老师、W律师、施总、两名陪审员、书记员、贼瘦的设计员等。

第一章

管辖异议，拒绝出庭

一

阳光明媚的正午，阳台上那株夜来香正在悄悄生长。江珊女士打来电话：“石律师，不好了，法官不同意下裁定，坚持开庭。”

江珊是北京L设计成都分公司的行政主管，昨天下午来过我的工作室。我对她说，我住在天府新区，这儿是郊区，有点远，你不必亲自跑一趟，把代理合同拍照发给我，把原件寄给我就好了，要不下次见面再给我原件也行。但江珊坚持要来，说公司领导孟总交代了，一定要当面请教，当面听我谈谈案件。孟总是儒雅的人，文气，我揣摩他的意思是，电话、微信谈案件，总有些隔靴搔痒吧。谈案件，最好像谈恋爱一样，面对面才好。

这是我与江珊第二次见面。

说是工作室，其实也是住家。2016年，夫人与我决定从上海返回成都，遂在成都郊区买了一套大一点的房子，四层楼，地下一层，地上三层，带二百余平方米的院子，可以种菜。装修时，我将房子一分为二,一半住家，名之曰“观书居”，另一半用来建立一个家庭图书馆，兼办公，名之曰“芥知馆”。

在院子后门迎接江珊时，方知孟总为何要江珊来我工作室。江珊带来了一箱茅台土酒，说是孟总送给我的。一箱酒六瓶，看着她拎得有些吃力，我顺势接了过来。

“孟总是一个有心人！昨晚聚餐前，我俩走在路上，还问我是喜欢酱香型酒呢，还是浓香型酒。还说他不喝酒，但珍藏了很多酒。我当时还以为是随便聊聊呢。”我对江珊说。

“孟总说，昨晚你们谈到深夜一点。这么晚？”江珊回应。

“是呀，饭后回到我的工作室谈案件。朱总趁着酒兴向孟总发飙，过了，我呵斥了朱总几句。”朱总朱芳禾，是我曾经的学生，孟总的合作者，本案设计项目看不见的轴心人物。本案肇起后，他不得不露头了。

“听孟总说，你们散后，朱总给他打过电话，说要不就不委托律师了，我们自己代理案件？”江珊说。

“孟总怎么讲？”

“孟总说，这怎么能行？如果案件输了，总公司说我没有按程序委托律师，我怎么解释？”

“孟总说得有理。不过，要是没有这一层顾虑，你们也可以考虑自己做案件，自己代理自己，只需要请一个律师指导就行。只是这个案件很特殊，不太好办。”我轻描淡写地说。江珊的注意力一时转移到芥知馆四壁的书上，没太注意听。

芥知馆共四层楼，藏书约三万册。最上面一层原是一个约35平方米的屋面平台。平台北面的一半我装修成工作室，玻璃阳光房，其上是水池，抬头可望蓝天白云，俯首即见地板上晃动着风吹池面投射下来的斑斓波影。南面的一半继续用作阳台，阳台正中的花箱里长着那株夜来香。与江珊聊着聊着，穿过菜地，爬上芥知馆迂回曲折的楼梯，不知不觉就到了我的工作室。

二

茶早已泡好。绿茶，还是黑茶？江珊选择了黑茶。

“我打建筑官司快18年了，这是我碰到的最复杂的建筑案件之一。”一坐下来，我便对江珊说，同时欣赏着她小口啜茶的样子。

最复杂？江珊一愣，像诧异的猫一样看着我。

“本案诉讼金额不大，600多万元。我做的案件基本上都在1000万元以上。”我说着，同时找了一份案件资料给江珊看。诉讼金额2.5亿元，够大了吧？江珊一笑，似乎明白了是哪种复杂把我拽入了本案。

说这个案件最复杂，是因为它是由设计失误引起的工程质量事故，而且地方监察委已经介入了。

本案设计负责人潘老师是个忠厚老实的人。本来，按合同约定，设计单位除负责采取补救措施外，只赔偿事故损失的10%，潘老师几个人尽其财力，差不多已经赔偿了20%。事情该差不多了吧？不，突然有一天，施工单位的一名员工因为涉黑被捕入狱，为了立功，向监察委举报了这起重大事故。达州市监察委根据已有的鉴定，向K县政府提出监察建议：本次质量事故由设计单位负全责，设计单位应全额赔偿，尚有600多万元的加固费用不能由财政垫支，K县政府应督促项目业主追回。

设计合同同时约定，如发生争议，应提交“当地仲裁委员会”仲裁。我据此向法院提出管辖权异议，主张本案应由达州仲裁委员会管辖。

“石律师，4月19号开庭，我们去吗？”江珊问。

“当然不去。”

“不去不好吧？”江珊有点担心，表情凝重。

“去了反而可能引起误解，视为我们承认法院有管辖权。”我把相关法条翻给江珊看。[1]江珊一时如释重负，一丝难以觉察的微笑从脸上掠过。

整个下午，我为江珊分析了本案法理，法条的规定可能引起的歧义，本案多股力量相互交织的形势，以及我们每走一步可能采取或面临的攻防措施等；诉讼像一台机器已经开始转动，我们是这台机器转动的参与者、零配件或原材料……我讲得很认真，收到代理合同了嘛。江珊听得也很认真，不时提问。一整个下午，喝着茶，望着窗外的蓝天白云，与一位温婉的女士严肃地讨论法律个案，仿佛战场厮杀预演，这也算人生一景吧。

送江珊走时，拾级而下芥知馆的楼梯，我意犹未尽，给她说起芥知馆每周六晚上有一次演讲，欢迎她有机会带孩子来读书，参与听或讲，也可把先生一起带来喝酒。芥知馆每周六的演讲，由夫人、小孩和我轮流进行，晚上7：30准时开始，时间十分钟到半小时不等，之后是十分钟到半小时的提问。我讲过很多次了，记忆最深的一次演讲是《小道：神鬼八卦——非实体而方法》，谈到了三种思维方式——科学思维、法律思维和神鬼八卦思维。“孩子听得懂这些吗？”江珊笑问。“小孩不一定听得懂大人的话题，但芥知馆演讲的目的是要让孩子学习怎么讲，至于讲什么不重要。”我说。江珊表示有机会一定会带孩子来听听。

那一片刻的话题，倒是轻松、愉快的。

三

现在，江珊打来电话，说法官不同意下裁定，坚持4月19号开庭。一张弓正在慢慢拉开，张力开始凸显，在弦之箭不知将射向何方。

“为什么呢？”我问江珊，“按规定，提出了管辖权异议，法院必须下裁定呀。”

“法官说，她了解了，没有‘达州仲裁委员会’这个机构。”江珊回答，“还说我们的异议是一种辩解，不下裁定，要开庭，开庭时你们双方可以重新协商仲裁。说完撂下电话就匆匆忙忙走了。”

没有“达州仲裁委员会”？我一愣，仿佛触电似的，皮肤有点发麻。在提出管辖权异议之前，我做了功课，在网上查到达州市政府于2012年5月下发通知，决定成立达州仲裁委员会。现在这个机构居然不存在，是没有成立呢，还是成立后被撤销了呢？而且，法官似乎不承认我们的管辖权异议是管辖权异议，只是没说出口。一种不祥的预感油然而生。

“石律师，4月19号开庭，我们去吗？”正在我发愣之际，江珊追问。

“法官说没有达州仲裁委员会，看来是真的没有。法官不会说谎的。”我没有直接回答江珊的问题。发愣还没发完呢。

执业至今已有18年，我还没有见过哪个法官说谎，与那些普通的正直人士一样，恪守一条原则：可以不讲真话，但不能说假话。这条原则对律师是适用的，但对法官适用吗？能在判决书中适用吗？如真适用，是不是降格了一点？我曾见过有的法官在判决书中有意无意遗略当事人认为十分重要的证据或意见，或许法官认为该等证据和意见不屑一提，但即使真如此，法官也应该在判决书中写明“不屑一提”，而不能在事实上不提。恰如爱的反面不是恨，是淡漠，是无视，写明“不屑一提”仅仅是“恨”——恨铁不成钢那种恨，事实上不提则是无视。无视证据和意见，即无视当事人，判决能没问题吗？本案法官说没有达州仲裁委员会，这肯定是真的，但是不是还有一些她认为不屑一提的东西没有告诉我们呢？我心里犯嘀咕。

“是呀，特快专递寄出第二天，我给法官打电话，请她查收快递。法官说她收到了，当时还显得挺高兴的。”江珊接着说。

“法官不一定想审这个案件，这是明摆着的，干预因素太重，能推给仲裁委员会是最好的了。”我分析说。

没有达州仲裁委员会这个机构，案件肯定得由法院审理，这是必然的。但是，如果达州仲裁委员会是要成立还没有成立的话，那么双方关于将争议提交仲裁委员会的约定，就应该是一个附生效条件的协议。该协议只是待生效而已，并不是无效，因此，主张本案应等达州仲裁委员会成立后再审理，绝不是无理取闹。[2]想通了这一点，我给江珊交代说：

“请求法院务必下裁定，说这是总公司的意见。哪怕法院驳回我们的管辖权异议，我们还可以上诉。一旦上诉，时间至少能拖三个月，这样就为我们重新委托鉴定赢得了时间。”

4月14日，从数字上看，似乎就是个不吉利的日子。一整个下午，江珊都在给法院打电话，想告诉法官我们不会出庭，以免到时开不了庭怪我们没有提前通知。法官的座机无人接听。江珊有些气馁，说明天上班接着打。我告诉她别打了，开庭前法官会给你打电话的。江珊半信半疑。

让江珊与法官对接是明智的，她那率真活泼、温婉怡人的性情，即使直接拒绝了你的要求，你也不会感到冒犯。

四

我在与法官打赌。法官“赌”我们不敢不去开庭，我赌如果我们不去，则法官不敢开庭。赌输了怎么办？

孟总、朱总芳禾和潘老师相继打来电话，问不去开庭好不好？当老总的，不一定懂法律，但他们一定知道不去开庭将会是什么后果。不去开庭，那是天大的事。律师决定不去开庭，对他们来说，闻所未闻。发微信已经不足以表示慎重，他们就打电话。电话中，我已经感受到他们的焦虑狐疑，都在担心我们能否赌赢。

我在电话中逐一解释，并在微信群里分析了利弊。这个微信群，是我专门为这个案件建立的，成员就那么几个，孟总、朱总芳禾、潘老师、江珊和我带的实习律师小段，当然，还有我这个群主。

一个月前朱总将应诉材料发给我时，我随手转发给了小段，嘱其先思考。小段琢磨了一整晚，天马行空地提出了很多应诉策略。我不置可否。小段忍不住难为情地问，“石老师，这个案件难不？我为自己没想出好办法感到有些不好意思呢！”我说这是我见过的最复杂的建筑案件。小段听后“哦”了一声，安心了，意思是，那就看师傅你怎么弄这个案件吧。

我在群里说：“如果没有再次鉴定，我们出庭输的可能性是90%，当然，不出庭缺席审判输的可能性是100%。但是，如果出庭而输，我们上诉能赢的可能性只有20%—30%，如果不出庭而输，我们上诉能赢的可能性有60%—70%，因为法院缺席审判有硬伤。”我敦促江珊加上鉴定专家蔡老师的微信，加快落实鉴定合同的签订。蔡老师是我在原高校任教时的同事，也是芳禾的老师；芳禾第一次给打我电话时，我还以为是刑案，结果不是，我就叫他去找蔡老师。

“石律师，我加了蔡老师的微信，很久他都没有通过。”江珊在群里说。

蔡老师肯定是看到美女头像而故意不通过的，担心是营销。这个念头率先冒出后，我随即给蔡老师打了电话，说有美女加你微信，请通过一下，顺便在群里半开玩笑回复江珊：“主要是因为你长得太美了，蔡老师不敢通过。我已经向蔡老师说明了目的的正当性了。”

“哈哈哈哈哈……”小段在群里爆出一大串文字笑声。小段这娃，不知道江珊姐姐比他差不多大了十岁。这是不面对面讨论案件固有的不足，你可以做到察言，但做不到观色，而失去了观色，察言难免偶尔失真。小段要是偷偷地笑会更好。

五

朱总单独给我发了一条微信，一张网络截图。朱总不放心，向各路人马咨询，在网上在线咨询，自己也查百度。

按最高法院的司法解释，在首次开庭前，因有仲裁协议对法院受理案件提出异议的，法院应当审查，异议成立的，裁定驳回起诉。朱总发来的截图说，如果异议不成立，则法院可以不下裁定，直接开庭。[3]

朱总毕竟是很多年前我在高校任教时的学生，碍于师生名分，自然要给老师留几分面子，担心老师搞错了，直接发在群里让老师下不了台，所以单独发给了我。用心良苦！我将这张截图转发到群里，分析说："收到应诉材料后15日内提出管辖权异议，这是法定管辖权异议期。在此期限内提出管辖权异议，不论异议是否成立，法院都应该下裁定。之后至首次开庭前，仍然可以提出管辖权异议，但法院不是非下裁定不可，异议成立则下裁定，不成立则不下裁定。"[4]

群里无人回应，听不到肯定或否定的声音。太专业了，无人吱声。

是的，太专业了！之前，我在群里说：“异议不成立，下一个裁定是多么简单的事，但法官为什么不下裁定呢？估计是K县政府希望法院加快案件审理，好尽快向市监察委回复意见。监察委的监察建议，是一定要回复的，不回复，官员们会生活在恐惧之中，噩梦连连。法院院长如听了政府的交代，自然知道该怎么办。”

现在看来，问题应该没那么复杂。我们的管辖权异议确实是在法定期限内提出的，虽然在我介入本案之前，公司总部早就收到了法院邮寄的应诉材料，但法院并没给分公司寄；为了让管辖权异议能在法定期限内提出，我特地叫江珊请法院再给分公司寄一份应诉材料，毕竟分公司是第一被告（总公司是第二被告，审图机构是第三被告）；之后，我便以分公司的名义名正言顺地提出了管辖权异议。尽管如此，法官可能仍然不能确定：是不是该下裁定？该如何下裁定？若是可下可不下的话，谨慎起见，最好别下。问题或许就这么简单。

但这个简单的问题我不能在群里说。这太学术、太专业了。在民事诉讼法的相关规定里，字里行间流露出的意思是：管辖权异议是法院与法院之间的事。[5] 所幸，民事诉讼法并没有明文规定：因有仲裁协议提出的管辖权异议就不是管辖权异议。是或者不是，这是一个问题。法官或许已经碰到了这个哈姆雷特式的问题。

我对法官一无所知，仅从传票上的名字看，Y法官应该是一个坚毅的女子。这让人想到毛主席的诗句“已是悬崖百丈冰，犹有花枝俏”。上次与K县的D律师见面，说到这位法官，三十多岁，作风刚健，只认证据和法条，过多的理论阐述无益。这么一个刚毅的女子，将如何化解这个哈姆雷特式的问题呢？她总不能说，因为异议不成立，所以这不算异议，因此可以不下裁定吧？

法官可能有这个意思。江珊说，法官认为我们的管辖权异议是一种辩解，无疑已流露出了这种意思。但法官没有明说这不是管辖权异议，我揣摩有一种东西在阻止法官将这个结论说出口。这会是什么东西呢？

走着瞧吧，拭目以待。

六

4月19号开庭之际，法官给江珊打来三次电话。第一次问来没来，江珊回答不出庭，在等法院驳回管辖权异议的裁定，并说这是公司北京总部的要求。法官说，那你们要承担不利后果。江珊急了，打电话问我这是什么意思。

“法官的套话而已。”我貌似镇定地回答，“不过，这句套话中也暗含着她可能要缺席审判的意思。”

“她会缺席审判吗？”江珊问。

“我巴不得她缺席审判呢！”“巴不得”这种正宗川话一说出口，我倒真有点希望法官就缺席审判吧。

法官第二次打来电话时，明显生气了。“你们能找出哪一条法律规定，提出了管辖权异议就可以不出庭？”法官质问。

江珊转问我有没有这样的规定。我说没有，法律怎么可能规定这个？再问该怎么回答，我说这是一个逻辑问题，要开庭就得有管辖权，现在没有生效裁决确定法院有管辖权，所以法院无权开庭。我叮嘱江珊，就说公司总部说了，如果法官驳回我们的管辖权异议，我们会上诉，上诉不一定会输。我得施加一点反制措施才行。法官很诧异：“这些都是你们总部律师的意见吗？”江珊冰雪聪明，按照我们已讨论好的方案流利回答：“是的。总部在通过自己的渠道了解有无‘达州仲裁委员会’，这需要时间，您总得给我们点时间吧。”

法官第三次打来电话时，语气缓和了许多，说等几天我们再安排开庭，你们请示一下你们公司总部，看什么时间合适，明天回复我。

法官这么说，就意味着4月19号的开庭肯定被取消了。公司总部在北京，孟总是成都分公司的负责人。孟总接着打来电话说，石老师，鉴定单位说他们五一就能把鉴定拿出来，我们明天要不回复法官，将开庭安排在五一之后吧？我建议别打电话回复，担心鉴定出意外——这种意外总会发生的，到时拿不出来，又承诺了要去开庭，言而无信，反倒不好。

以北京总部说事，绝无扯虎皮拉大旗的意思，仅是要回避律师与法官面对面的冲突。为了言而有据，我以总部的名义起草了一个咨询函，拟向达州市政府了解有关“达州仲裁委员会”的情况。江珊寄出后，快递员打电话来说，收件人的电话打不通，门卫也不肯收件，要不退回快件？退就退吧，我只好让江珊试着在政府信息公开网上投递该咨询函。

几天后，法官再次寄来传票，5月11号开庭。也好，那时我们的再次鉴定差不多该出来了，只是时间很紧。

第二章

再次鉴定，路在何方

一

本案设计负责人潘老师这人，身材、长相均酷似刘德华。也正如刘德华不常在荧幕上扮演反面角色一样，潘老师在现实生活中也扮演不了“坏人”，诚实得有些软弱。

九年前，潘老师在K县的设计业务做得风生水起，有口皆碑。K县本地一家国有公司找上门来，要主动给活干，条件只有一个，老潘你找一块大一点的牌子！北京、上海的设计公司最好，成都的也行。

潘老师找朱芳禾合作。芳禾有自己的设计公司，但牌子太小，乙级，且在达州本地，于是他找到了自己长期的合作伙伴，北京L设计成都分公司的负责人孟总。北京的设计公司，综合甲级，牌子够大的了吧。

项目是五幢工业厂房，五层，总投资约3600万元。设计完毕，施工到中途，二、三、四、五车间的屋盖及二层至五层楼面梁、板开裂，停工。设计单位认为是施工问题，施工单位拍胸脯赌咒发誓说，这是设计问题。双方各执一词，争执不休。

潘老师隐约感到或许设计有问题，几次问具体做设计的小潘，小潘均一口否认。设计没问题，计算机软件验算过的，怎么可能出问题？施工单位急了，主动找了一家鉴定机构做质量鉴定。鉴定单位经过现场踏勘，发现钢筋间距、钢筋保护层厚度均局部偏大，现场裂缝超出规范允许值；结论："根据现场检查情况及建模验算结果，主要原因为其原设计实际配筋不满足其设计条件，造成裂缝"；建议采用碳纤维进行加固。

面对鉴定报告，小潘老实了，不再相信计算机绝对正确。他重新核查问题原因，终于承认设计确实有误。机器弄人，尤其喜欢捉弄年轻人，不是吗？小潘自叹倒霉。

设计出了问题，潘老师知道后果严重，痛心疾首，状如伍子胥，几乎一夜白发。羞愧之下，他主动负担了十多万元的鉴定费用。加固费用700多万元，他们几人先是按约积极赔偿了10%，之后经不住项目业主诚恳而友好的游说，老潘，多赔一点，对你肯定有好处。潘老师虽然懵懵懂懂不知道这个好处是什么，有什么玄机，但也陆续赔偿了差不多10%，总计已赔付了140万元。

此后，岁月似乎静好，因为据闻当地建设局局长在协调解决该纠纷时，也曾建议赔偿20%，双方就此打住吧。

不过，有些事情，一旦你介入了，静好的岁月不免波澜诡谲。

二

一个多月前，芳禾把鉴定报告发给我时，我读之感觉十分诡异。“根据现场检查情况及建模验算结果，主要原因为其原设计实际配筋不满足其设计条件，造成裂缝”。次要原因是什么？“设计实际配筋”到底是一个什么样的概念，有没有这么一个概念？

我逐一翻看芥知馆中几十本与之相关的建筑规范，没有查到“设计实际配筋”这个术语。不放心，我打电话给以前的高校同事陈老师，问有没有这个概念，哪怕不是术语，而仅仅是设计行业的惯用语？

陈老师是结构设计专家，早已从高校辞职，现专职在成都做地铁隧道结构设计。我当初进入攀枝花学院土木系时，系里除一批五十多岁的老教师外，二十几岁的年轻教师就我和陈老师两人，所以交往一直较密。

陈老师性情憨厚，对任何问题绝不会打马虎眼，是就是，不是就不是。当天深夜，陈老师打电话回复我："亚西，设计配筋是设计配筋，实际配筋是实际配筋，设计实际配筋我没有听说过，我也问了身边的设计人员，他们也没听说过。"

"那么，陈老师，你读鉴定报告上这句话，你觉得是设计配筋的问题，还是实际配筋的问题？"我换着方式问。

"我初读这个结论，认为是设计问题。经你这么分析，又觉得鉴定报告说得似是而非，有些像文字游戏。不过，我敢说，专业人员读到这个结论时，都会认为是设计问题导致了裂缝。"陈老师说得很肯定。

这句话，犹如穿过黑夜的一颗流星，瞬间照亮我的思维。我终于明白，为何达州市监察委依据鉴定报告，就断定该案由设计单位负全责，他们应该征求过专业人员的意见。

"夜览星空听星语，猎户跃起逐双鱼。

岁在白羊俯人间，流星一颗过屋檐。"

很多年前的一个夜晚，木星还在白羊座，当我漫步庭院时，猛然看到一颗流星从白羊座划过天空，在头顶上冲着我直奔而来，瞬间掠过屋顶。我震惊不已，口占了这首小诗。"流星一颗过屋檐"，难道就是这个案件演绎变幻的线索、方向或结局？芳禾、陈老师、蔡老师，对了，还有那位老蔡老师、万勇和我正坐在这儿写字的芥知馆……难道真有某种力量要把我牵扯到这个案件中，使我必定成为案件的一部分？我顿感诡秘，也许有一种古希腊人所说的命运——人、神皆不可抗拒的一些因素，在影响此案。

想起朗宓榭在《小道有理》一书中引用昆德拉的话："人的生命如音乐的组成。人在美感的指导下，把一个偶然事件转化为一种动机（贝多芬音乐、火车轮下的死亡），并把这种动机归结于其生命的总旋律。"在《论语》中，子夏曰："虽小道，必有可观者焉；致远恐泥，是以君子不为也。"小道，按朗宓榭的解释，在我国是命理术数、八卦，在西方是巫术、神鬼。致远恐泥，我不能让神鬼八卦思维拘泥了我。

不过，我非得做一个君子吗？子不语怪、力、乱、神，但他老人家也研究易经八卦，还说"加我数年，五十以学易，可以无大过矣"。孔夫子是君子，虽然他并不自认君子，君子是会犯大错误的，或许八卦能止之？那个把《天演论》译介到我国的严复，他的思维够科学的吧，据说他每周都要卜卦，问自己的身体和财运，他是要借此阻止自己犯大错吗？

在芥知馆上一期的演讲中，我提到一本书《自私：生命的游戏》。书中说："西皮奥内·贾拉蒙蒂，这位笃信巫术的数学家，当年恨不得把伽利略烧死在柴火堆上。其实他早已坚信，可以通过人的声调、活动过程，乃至当时的天气、地点、前后事件等，来确定和预计一个人的思想、性格和意图，他的这一想法比谷歌、Facebook还有苹果都要早得多。"——这是我国古代的奇门遁甲呀！

不是非得做一个君子不可，也没有奇门遁甲之术，什么样的音乐将引导本案的旅程呢？

三

鉴定必须用鉴定才能推翻。

我对鉴定报告的解读是：本案质量事故，主要原因是配筋不足（钢筋间距局部偏大），这主要由设计所致，其次是施工；次要原因是钢筋保护层厚度局部偏大，纯系施工所致。

为了证实这个解读，我向蔡老师求助。蔡老师执教西南交大，同时也搞建筑质量鉴定。

我最初到攀枝花学院土木系时，蔡老师的父亲老蔡老师在系里任教。一年后，老蔡老师调任学院基建处处长，找到我说，小石，要不你跟我去先当材料采购员，锻炼一下？我对老蔡老师说，我在施工单位工作了三年，之所以调到土木系教书，就是想让自己再读读书。老蔡老师表示理解，叫我重新在土木系新来的年轻老师中，给他推荐一人。我当即做了推荐，老蔡老师真的就采用了。这是一种无比的信任。

后来小蔡老师和他当初的同班同学兼女友、现在的夫人林老师毕业后，也在攀枝花学院土木系待过一段时间，我还没有与他们完全熟悉，他们就去西南交大读研了，最终留在了西南交大，生儿育女。——不对，只生了一儿，无女，蒙生育指标所赐，得生一子。夫妇俩养了几只猫，经年累月，日渐爱猫如子，终成猫控。我劝他们二孩既已放开，何不再生一个，以代猫狗之乐？答曰奔五之人，哪里还生得出来！每次看到他们说起自家的猫眉飞色舞的样子，我总不免感慨，当一代人被猫狗所控时，无论你采取什么样的生育措施，政治的、经济的，抑或道德、法律的，怎比得上猫狗的力量？

几年前，原攀枝花学院基建处的K老师从北京到成都，让我召该学院在成都的原同事聚一聚，点名要把小蔡老师叫上。K老师是我在攀枝花学院住单身宿舍时的邻居，周末的晚上总喜欢叫上我一起在他的宿舍里喝啤酒，看片。我一直感激K老师将我对中美关系和两性关系的认识拔到了一个新的高度，所以十分乐意响应他的号召，召集大家一聚。叙叙旧吧，都好多年没见面了。

酒过三巡，说到已经去世的老蔡老师，说着说着，小蔡老师与K老师便抱头痛哭。老蔡老师去世得太早了，像老一辈的无产阶级革命家，工作呕心沥血，中年早逝，不免让人伤悲。酒酣之际，K老师简要介绍了他离开学院后的经历，老蔡老师去世后，他不得已辞职去了北京，北漂多年，最后归入道家。他仗着酒胆吹嘘，将A省的×部长调到B省任×长，这样的事我们做过很多次了，当然，对方出价得合适。末了，K老师话锋一转，在座诸位或诸位的亲朋好友如有需要，兄弟我定会鼎力相助，价格嘛，肯定是最优惠的，象征性地收点就行了。

之后，果真有几位同事给我打电话，问我K老师说的话靠谱不？我无从回答，遂敷衍其词：或靠谱，或不靠谱，自己判断，信则灵嘛，能谝之人之所以盛行，是因为他们之中真有人能帮你找到菩萨做成一些事呢，当年袁世凯不也得找荣禄的看门人提供方便吗？不过，也得小心了，小鬼喽啰坐骑宠物下凡，哪些是真的，哪些是假的，哪些是善的，哪些是恶的，你自己判断。《西游记》中，真起作用帮助唐三藏的，就四个，孙悟空、猪八戒、沙和尚和白龙马，比例低得可怜，其他的不都想吃唐僧肉吗？求法不易，好像只要你在求，就有人想吃你的肉。

四

再次鉴定，如果蔡老师能做，那是最好的了，好交流。

但要交流方便，对一些基本问题得有一些共识才行。毕竟，这是鉴定，得有最基本的专业操守，不是你想咋样就咋样。何况建筑方面的专家，是真正的“砖家”中的专家，该用几根钢筋，该用多少混凝土，不是搞关系就可以让他们胡说八道的。

小蔡老师看过鉴定报告后，给我来了电话。“石老师，不搞鉴定的人一看，认为是整个结构的问题；但搞鉴定的人知道，就只是屋盖的问题。”蔡老师在电话中一针见血。

“那么，因为屋盖存在问题，会不会引起楼面开裂？”我问。

“我找小潘核实过，楼面活荷载按5.0KN/m^{2}设计，因为设计疏忽，没有考虑到结构自重，楼面实际活荷载现在只有2.0KN/m^2。但是，换一个角度来看，楼面还能承重2.0KN/m^2，无论如何都是不会开裂的。而屋盖不一样，非上人屋面，活荷载设计要求很低，所以，屋盖就不一定能够承受自重了。”

这就是我所需要的结论。如果楼面开裂不是设计引起的，则必定是施工引起的，设计单位的责任自然应降低。

小潘一时疏忽，酿成大错。设计软件升级，结构验算时，原软件自动默认自重，现在你得主动打个钩才行，否则结构自重会漏算。没打钩，问题就这么发生了。小潘后悔莫及，一副被机器打整过的萎靡不振的样子。

“石律师，设计费很低，按标准应收120万元，但合同约定设计费就31万元，而我个人只拿到2万元。现在我已经赔了差不多20万元，还要我拿钱出来，我怎么承受得起？老婆都在闹离婚了。”一次聚餐谈事时，小潘如此抱怨。

已经赔偿了140万元，对方还要求赔偿600多万元，孟总担心输官司，要求各责任人先按30%的赔偿比例把钱凑到公司。按比例，小潘还得拿出几十万元，甚感委屈。

“你还年轻，该承担的责任就要勇于承担，否则还怎么在设计行业混呢？你看，设计出了问题，不是你故意犯错，也不是你的专业水平有问题，就因为软件升级一时疏忽所致。如果事情妥善解决了，这个行业会认为你是那种敢于担当的人。借此建立自己的口碑吧，哪儿还有这么好的广告效应呢？”我劝慰小潘，自己都觉得牵强得很，权当酒后吐虚言吧。

“那些都不敢想了。”小潘一脸丧气，然后问出了一个只有老天才能回答的问题，“石律师，怎么我就这么倒霉呢？”

“你要会想，小潘，这总比出门发生车祸、走路不小心摔个半身不遂要好。我打这么多年官司，碰到过很多比你更不幸的人，看看工地上那些因工伤而缺胳膊断腿，甚至丢掉性命的人，你比他们幸运多了。想想本案工程如果建好了没有及时发现裂缝，坍塌了，压死了很多人，你这会儿大概就在监狱里面待着呢。”我劝慰说，这次是酒后吐真言。律师有时不得不扮演心理咨询师的角色，这种角色扮演，会让当事人感觉到你是理解他的，你有一份默默的陪伴，没有漠视。但你除了安慰和开导也做不了更多。

“喝酒，小潘。今儿你还能坐在这儿吃饭喝酒，这不是万幸吗？”我举杯对小潘说。

“我也想喝，但就是喝不下去呀！”小潘端着酒杯站起来说，已有哭腔。

五

蔡老师拿出鉴定报告初稿时，大家都颇有些失望。

鉴定结论无可非议：设计配筋不足，施工实际配筋间距局部偏大加剧了这种不足；楼面活荷载能满足规范最低要求 $2.0KN/m^2$，楼面裂缝纯系施工工艺和温差效应所致。[6]

如果设计配筋足够，造价会增加多少？蔡老师给出的答案是100多万元。芳禾急了，立马给我打电话，石老师，100多万元没有太大的意义，三四百万元才是正常的。

增加的造价应该从加固费用中扣减，之后才是业主的损失。兹事体大，当天，我召集众人开会讨论。芳禾从达州远程赶来，到芥知馆时已经是下班时间了。于是先在附近找家餐馆吃饭饮酒，之后，回到芥知馆我的工作室讨论案件。

晚上的争论异常激烈。蔡老师作为技术专家，坚持自己的底线，增加的费用不是想调高就能调高的，否则，专家就真的成了“砖家”。芳禾趁着酒兴，突然对孟总发飙，细数过去合作的历史，公司不能当缩头乌龟，只是收钱，碰到问题一分钱都不想出……

芳禾对着孟总发飙了半个小时。这个长相粗壮、匪气十足、在当地似乎有着“朱老大”气魄的家伙，一向话多，抱怨起来也是没完没了。孟总是那种典型的儒商，有礼有节地辩说自己的难处，公司也在尽全力支持案件，但你朱总的屁股总得自己擦吧。

芳禾不依不饶，仍在絮絮叨叨，那意思是，我的屁股我自己擦，但我朱芳禾与你孟总合作了这么多年，你现在连帮拿下手纸都不肯……实在看不下去了，我回到屋内对着芳禾一声猛喝，芳禾你是冲着我来的吧，不就是孟总在催你预交律师费吗？我知道你那点心眼，造价增高，损失减少，你们按比例预交公司的费用就会降低，现在造价增加不了，关孟总何事……

乘着酒意，凭借多年前曾当过芳禾众多课程老师的历史，建筑制图、建设法规、菲迪克（FIDIC）合同条件，不细数了，我也就只敢对这个絮叨不止的“朱老大”猛斥了。总得有人收场，大不了案件不做了。

芳禾马上止言，怔怔地看着我，惊愕的表情似乎有点禅师在棒喝之下如桶底子脱了般的顿悟。后来江珊说，朱总在回去的路上给孟总打电话，说要不我们不找律师了，自己代理案件？

自己代理自己，人人成为律师，在万物皆多但就是不够用的国情下，真是我一直所梦想的。不是吗？我们钱多，但就是不够用；官员多，不够用；律师多，也不够用。不可能人人都变成货币、变成官员，但变成律师，只为自己代理案件，总是可行的吧？我终于明白了芳禾那惊愕的表情，那如桶底子脱了般的顿悟，我真该与他们认真讨论一下这事。可惜第二天，芳禾酒醒悟褪，江珊来到芥知馆，把签好字盖好章的代理合同拿给了我，再与他们讨论自己代理自己这事，我的代价也太高了吧。

六

制止了芳禾的絮叨，回归正题。我转身对蔡老师说：“洪儒，恢复原设计，增加配筋，增加造价，这与怎么恢复原设计是相关的。如果设计不变，要想增加造价，几乎不可能。我们从这个角度想想吧。现在恢复原设计，无须为业主节省费用。当初小潘就是为了想降低造价，才造成了一时的疏忽。”

芳禾接着说：“蔡老师，恢复原设计，梁、板的截面增大，柱的截面不增大吗？基础不增大吗？所有这些都增大了，钢筋不增多吗？钢筋增多了，人工、措施费不就增加了吗？……”

在半醉半醒中，芳禾脑门开窍，果然顿悟。他最初与我联系时，我就提醒他说，当年攀枝花学院土木系老主任有一句名言，“少用脑筋，多用钢筋”，你忘了吧？现在他想起来了。

“这样做倒是可以把造价增加很多，但在专业人士看来，可能有些离谱，因为这样的设计太保守了，不合常规。”蔡老师若有所思，显得犹豫不决。那种犹豫不决，不是苦口婆心或者威逼利诱能驱逐的。专业的问题，只能以专业的方式解决。

必须寻找新的办法！

琢磨片刻，我提议说：“洪儒，第一次鉴定报告建议采用碳纤维，碳纤维造价偏高，大概在正常加固费用的1.5倍以上。这样的话，本案工程如果采用增加截面这一正常的加固方法，加固费用大约500万元。你看能不能给出正常加固的设计和造价？如此，超过500万元部分，我们可以主张不应算作损失。从两端往中间挤，缩小损失的数额，我想这也是一个思路。”

子曰：“我叩其两端而竭焉。”如果孔老夫子来代理本案，我想他老人家大概也会这样做吧。

“但是这样做时间会很长，短期拿不出来。另外，采用碳纤维超过正常加固的费用，不应算作损失，这在法律上说得过去吗？”蔡老师反问，显然并不想展开正常的加固设计。那确实费时费力，如果鉴定费用不增加的话，谁会去自讨苦吃？

但是，蔡老师在他的专业范围之外这么一反问，我立即明白我的建议在建筑专业上是没有问题的，至少他认可了该建议。他这会儿只需要法律解释。

我解释说：“洪儒，你是搞鉴定的，你知道，按惯例，鉴定机构在提出建议前，会征求项目业主的意见。本案业主接受第一次鉴定报告的建议，选择采用碳纤维加固，这相当于业主提出了新的设计要求，由此而增加的费用，在法律上得由业主自己负责。另外，我揣摩，采用碳纤维加固应有利于提升房屋品质，这种好处由业主享有，业主承担相应的费用也合情合理呀。”

“对头，碳纤维有利于缩小梁板的截面，增加每层的净高。”小潘坐在屋子的一个角落，离大家远远的，这会儿冷不丁说。原设计、加固设计都是他弄的，他最清楚其中的细枝末节。

我继续解释说：“洪儒，本案工程事故，因设计失误造成的损失真正表现为：正常的加固设计与恢复原设计两者之间的造价差。从人、机、料、措施成本几个方面来看，两者的材料、机械设备是相同的，仅人工和措施成本会有所增加，也就是增加了返工的费用，我估计这费用无论如何也不会超过100万元。另外，如果保持两者——正常的加固设计与恢复原设计——技术口径一致，则两者的造价会同增同减，增加一点或减少一点都是无所谓的，因为差值不变。这也就不存在离谱不离谱的问题了。”话一说完，我顿感如释重负。

是的，找到了一种方法，叩其两端而竭。这方法古老而时新，能让差值不变，仿佛宇宙中那个永恒真理——光速不变，应该经得起科学检验吧？

第三章

律师选聘，应诉方略

一

郭云峰这个人，会让你情不自禁想到子贡。子曰：“赐不受命，而货殖焉，亿则屡中。”子贡不仅是外交家，还是企业家，云峰也如此。

云峰与芳禾一样，都是K县人。他攀枝花学院法律系毕业，天生有副商业头脑，在学校读书时，学费、生活费全靠自己倒卖东西赚得，先从倒卖方便面开始，直到倒卖手机卡，差一点就倒卖上了攀钢的钢材。毕业后，他应聘到浙江台州，打工几年，就自己开厂了，做建材生意。据他自己说，他的建材厂从台州、上海、成都到攀枝花，绕了整个南方半圈，像一张拉开的弓。

当然，云峰也做律师，算是没有愧对攀枝花学院的法学教育。在校时，我虽不曾教过他，但十多年来，云峰一直都把我当老师对待。这次，芳禾找到我说，石老师，这个案件你与云峰一起做是最好的了，你做专业，云峰是K县政府的法律顾问，方便沟通协调。

有人配合，这当然好，毕竟我与云峰知根知底。芳禾也说到云峰的思路，包括两点：（1）加固工程，项目业主作为国有单位，没有招投标，有责任；（2）审图机构审图时没有把好关，责任全在他们。“石老师，云峰问我想不想把已赔的140万元要回来，你觉得可能不？”芳禾问。

“芳禾，云峰是商人，虚虚实实，实实虚虚，是商人本性。我不能说他要不回来，但是，从我的执业经验来看，你不可能要回来那140万元，除非……”

些许的犹豫不决。我想起了几年前云峰曾找到我，说他能拿下天府新区300个亿的工程，但要找一块大一点并且关系可靠的牌子，问我能不能把他引荐给某央企。我把该央企负责市场营销的副总X总介绍给了他。当然了，我提醒X总，这么大的工程，按照市场规则你们最好按自己的风险控制流程追踪项目。之后，偶尔我会问问项目情况，反馈回来的信息给我的感觉是，项目始终飘浮在空中。后来我自己都不好意思问了。

“除非什么？”芳禾追问。

“按合同约定，我们只赔偿设计失误造成损失的10%，因此，我们必定是多赔了几十万或上百万元。不过，即使这些多赔的钱在法律上应该退回来，可你能要回来吗？这恐怕比登天还难。除非你有不得了的关系。”

“去哪儿找这种关系啊？”芳禾想了想说，气馁了。

我安慰他说：“权力不一定好使，这涉嫌公权私用，会把人变成魔，不如去拜菩萨吧！庙子嘛……还记得攀枝花学院基建处原来那个K老师吗？他现在在北京，入了道家，可神通广大了……就看你能不能买得起香火了。”

二

香火太贵，买不起。“花钱搞的关系，不靠谱，石老师，还不如喝酒搞的关系硬。”芳禾识趣，自找台阶。他已下定了决心，还不如请两个律师，双重保险。“石老师，就请你和云峰代理案件，这事就这么定了。”芳禾说得铁板钉钉，都说了很多次了。

“按收费标准，本案律师代理费一审约30万元，我最低给你打六折。云峰收费应该跟我差不多。请两个律师，你得考虑值不值。”我提醒芳禾。

请两个律师，花双倍的钱，是否会事半功倍？粗犷如芳禾，也需认真琢磨此事。“石老师，价格方面看还有没有商量，我们打算请两个律师30万元封住，否则就要超预算了哈。”芳禾开始议价，想必云峰已经给他报过价。

成都是一个消费型城市，万物便宜，律师收费也不例外。四川省虽然也制定了与北京、上海大体相当的律师收费标准，但是，真正够得上资格适用这个标准的，可能就只有那么几个人。我随夫人从上海返回成都时，应邀参加过几次国有企业法律服务采购投标，唉，我觉得我的报价已经很便宜了，但别人的报价竟只有我的三分之一。之后，我不再参加任何此类投标，太没竞争力了。

记得有一次，经同人推荐应邀到一个PPP项目公司董事长的办公室，洽谈法律服务合作。董事长是建造师，我是监理工程师，同业背景，很容易对接问题，彼此都有点相见恨晚的感觉。末了，董事长按流程把公司法务叫到办公室，征求他的意见。法务三十岁左右，问我的第一个问题是，石律师，你跟法院关系熟吗？我一时语塞，不知如何作答，事败。后来参加国有企业采购法律服务投标，在面谈时也有法务问相同的问题，我才琢磨出标准答案：这个问题不便告知！到此时我才终于明白，有些企业，特别是他们年轻的法务，想要找的不是律师，而是关系，这样律师收费低就不足为怪了。因为勾兑费，不用考虑，财务上支出无名；也不必考虑，因其常常不发生。运气好官司就赢了，或者运气不好官司就输了，成了一门玄学。

找关系常是很多人做事的第一思维，这我懂的。朴实的农民崇拜权力，想把他的铁锄头变成金锄头，逻辑上无恙。可受过教育的人崇尚他们自以为自己厌恶的“关系”，如同仰慕自己私下鄙夷的贪官，就存在二律背反。这种二律背反，或许能彰显知识分子人人平等的观念——人人智识平等，除非你有能管得着我的权力，否则我绝不服你——让我们能解释或修饰自己的不足，缓解自己对自己的不满，因为我们可以像阿Q一样说：瞧，那些所谓成功的人，不就是因为有关系吗？对方赢了官司，不就是他或他的律师有关系吗？案件输了，则判定是对方或其律师找了关系。一些清白正直的法官在此蒙冤。

说远了。我得坦率承认，阿Q在这儿说的也不全错。我们企业年轻的法务——为什么总是年轻的？成本关系吧！——想找与法院熟悉的律师，不过是想要掩饰自己法律专业上的不足，他们总不能说自己没把法理弄透，没把法律关系分析清楚吧！

为什么把法理都弄透了，把法律关系分析清楚了，还是不够专业？原因是，这些只是药方，要解决纠纷你还得学会诊断病情才行，而这就不是法条或法理能教给你的了。你得具备相关领域的专业知识，并熟悉行情，即使是万金油律师，也得精通人情世故，才好诊断案情。当然，诊断有误并不意味着你一定会输官司，碰到与你差不多的律师，你总有50%

赢的机会。所以，律师行业比医师行业幸运多了，不管你怎么诊断，你都有治好病的可能。但这个行业也有比医师行业不幸的地方，因为即使你诊断完全正确，药方开得也对，也有可能赢不了官司。

又说远了，回归正题，我得给芳禾解释一下收费的问题。"芳禾，你可以不委托我代理案件。作为老师，你不委托我，如果找我咨询案件，我也会提供咨询的，不收费。你们甚至可以考虑自己代理案件，我也可以提供指导，不收费。但是，一旦你委托我代理案件，我的最低收费标准就是六折，否则这会影响我的市场，影响我对我自己的评估。"

律师市场是残酷的，只看结果，不看过程。但凡我输了案件，从不做辩解，当事人如能理解，自然会继续保持合作关系；不理解的，辩解无益，该失去的还得失去。收费低了，不能保证时间和精力，案件的输赢大概只能靠运气了。

"石老师，你是专家，肯定要委托你的。就是看价格上还有没有商量。"

"没有商量，芳禾。我已经说过，这个案件是我遇到的最复杂的建筑案件，所以我才有兴趣。单就收费而言，诉讼标的低于1000万元的建筑官司，我都不想接，因为不好收费。另外，我得告诉你，如果你不接受我的诉讼方案，我也不会做你的案件——我做不下去的，你得另请高明。"

我碰到过很多民企老板，他们找律师其实就想找个跑腿的，给你三五万元，把你使唤得像山城棒棒似的。这样的老板，肯定还没有见识过高明律师的高明。高明的律师，一如克罗曼所说，有一种“马的感觉”，“一种透视手边案件的能力以及对只能导致无用的普遍抽象的那种理论的抵制能力”。遇到这样的情况，我会对这些老板说，如果只想找一个熟悉套路的律师跑腿，就不一定要找律师了，安排自己的员工跑吧，律师会教他们怎样跑的，这样律师费就可以大幅度降低了。你想找一个将军还是士兵？如想要找一个将军，你最好学学刘邦拜将，没有律师是只想当士兵的，不想当将军的律师不是好律师嘛。不想拜将，那就找个律师当参谋吧，你们自己代理自己。

学成法律艺，货与当事人。法律也是一种文武艺，上则安邦治国，下则排忧解难。跟所有的艺术品一样，这种艺术可以免费，但不能廉价。

没有商量！我已经做好不是非接手此案的心理准备，并告诉芳禾，如果选择委托其他律师，老师我没有任何意见，不要有顾虑，市场嘛！如果你是因为要照顾我才委托我做案件，我感谢你的好意，但你违背了市场规律，而且，你也太小瞧你老师我了。

真的有这种市场规律？说话中，我已经意识到这个问题，但还不得不这么说。当事人应该找性价比最高的律师，这没错，但当事人怎么知道谁是性价比最高的律师？估计投入产出？据说这是科学思维。但是，如果当事人能估计这个的话，他也用不着找律师了，因为案件已然在他的全盘掌握之中。那么，当事人凭什么去找性价比最高的律师呢？凭感觉，想来想去，好像只有凭感觉了。那或许是一种美感，一种昆德拉所说的，人在美感的指导下，把事件转化成动机的感觉。

三

当年在攀枝花学院教芳禾他们班建筑制图时，我还是二十几岁的毛头小子，比芳禾他们大不了几岁，那时尚不知法律为何物。因为喜欢读书，有读书人天生的毛病：书没读几本，你会觉得天上的事情你全掌握，然而对地上的事情一无所知。于是我转而“究天人之际”，研习连接天地之间的东西——法律，之后顺便考了律师资格证，再之后，顺便兼职律师执业。但一直到现在，我也没有完全改掉读书人的毛病，如庄子说孔子那样，“明乎礼义而陋于知人心”。法律算是现代礼义吧，伫立于天地之间，我大体明乎；不过，作为律师，是该陋于知人心呢，还是该过于知人心？恰到好处，那是不可能的。当然，在执业中你可以不断试错调整，但等你调整得恰到好处时，此生或许已尽，那时，任何恰到好处的东西都不会点燃你油枯灯灭之躯。还是孔子说得好，过犹不及，律师简单一点、陋于知人心也许更好，这至少有利于节省人生成本。当然了，我也就只能成为那种纯粹的建筑法律专业律师。

在同班同学万勇的极力推荐下，芳禾找到了我。“你这个案件，只有石老师才摆得平”，后来在酒桌上，案件委托八字还没一撇时，万勇当着我的面对芳禾说。万勇显然已经把老师我当作了建筑法律行家——行家才摆得平专家摆不平的事嘛，所以极力推荐。

其实我与万勇的交往，只比与芳禾多一点，这一点就是芥知馆。万勇毕业后一直都在做钢结构设计，曾为芥知馆装修时的钢结构设计做过验算。

芥知馆是一个家庭图书馆。几年前，我们打算从上海返回成都时，买下了此屋。那时芥知馆只是一个客厅，面积35m^2、层高7米，其上是屋面平台，其下是地下室。装修时，我接触了几家有模有样的装修公司，给出的都是花里胡哨的设计方案。我只问他们一个问题：原楼面活荷载每平方米200千克（2.0KN/m^2），35m^{2}也就是7吨，现做成三层楼的图书馆，结构自重加上书架以及六万册书的重量，大约70吨，怎么解决受力问题呢？无人能回答。也不怪他们，装修公司本来就不负责解决受力问题，他们只负责不切实际的美观。他们那种美学，是酒店美学，而非家庭美学，以来访的客人“哇，好漂亮！”“哇，好豪华！”这类虚情假意的惊叹常被奉为美学圭臬，正如你第一次入住豪华酒店时会发出倾慕的惊叹一样。但多去几次华豪酒店，你就慢慢地不屑了，不能老是惊叹吧。把家庭设计成酒店，多回几次，你也慢慢地就不想回了。

在博尔赫斯那个著名的想象中，天堂应该是图书馆的模样！图书馆自有其美学，家庭图书馆尤应如此，它必须成为小孩子的天堂。依据美国建筑师C.亚历山大等人编著的《建筑模式语言》，打造一米见方的空间，而不是两米见方的空间（这是成年人的尺度），让这些小空间如巨人雕塑的“窍”一样散布在高阁的书丛中，对小孩子会有天堂般的吸引力。不过，所有这些，都得结构稳定。要是结构设计不稳，随时可能会垮塌，哪怕是天堂，我想你一定也会逃之夭夭。

没办法，我只能自己画图做设计。首先用语言找感觉，名将作用于实，我们只不过是中介而已。C.亚历山大在《建筑的永恒之道》一书中讲：“你的语言产生了你所做的建筑，建筑依据你的语言所具有的活跃程度有生气或无生气。”“天堂式的图书馆”和“图书馆式的天堂”，表述看似相同，但给人的感觉不完全一样，会导致设计结果有异。“温馨天堂”会让你倾向于选择木结构，但木结构受力不行，还是“趣味天堂”吧，用钢结构桁架承重，正好可以形成巨人雕塑的窍。从概念开始，当我把几百字的设计要求逐步细化到几千字并附上图纸时，概念性方案设计就已经完成了。但是，受力问题还没解决，直接让一楼楼面承重是不可行的，下面有地下室；把钢结构挂在四壁的混凝土梁柱上，是一个可行的方案，但怎么保证连接呢？会不会导致整个房屋扭曲变形？我找到万勇商量此事，万勇说他可以验算钢结构本身是否能足够承重，但不好验算连接点，房屋是否会扭曲变形更不好验算。

为这件事，我纠结了好几个月，直到应邀为一家当事人在长三角的一个PPP项目代行项目公司董事长职责时，遇到一位钢结构老专家。工作之余我向他讨教，他给出的方案简单可靠：将房间四角的钢柱穿过一楼楼面直接落到地下室地面上。这老专家是真正的行家。建筑师的梦想，工程师的噩梦，他一句话就把梦变成了现实。

地下室地面直接承重，钢结构挂在梁柱上只起辅助承重作用。此法甚妙，万勇无须为连接点的验算而伤透脑筋了。“石老师，结构设计软件中没有这种连接点的验算模型，回到手工验算，谁还记得那些公式？”事后万勇说。打那时起，他大概就把我当作了行家。

芳禾在K县的设计，施工前如能找一位结构老专家看看，是不是比审图机构更管用呢？至少，老专家不太可能迷信计算机设计软件！计算机没有经验，不可能变成行家，但他们有啊，而且他们本来就没有年轻人熟悉计算机嘛。

四

为了确定最后的应诉方案，激烈的辩论已经不可避免了。

主角是我和云峰，地点是芳禾在成都的办公室。之前，芳禾就曾说，云峰通过自己的关系已经与业主联系过了，那边说可以调解。这是云峰的分量，非我所能比。所以，重在调解还是重在诉讼，是芳禾不得不事先确定的方案。

云峰的思路依旧，加固工程业主没有招标，有责任，审图机构没把好关，设计上的问题全是他们的责任。有了这两点，就有与对方协商谈判的底牌了。

“石老师，如果审图机构把好关，就不会有后面的质量事故，所以责任全在他们，不在设计单位。”云峰说完，所有人都看着我，有些许的期望：若此说成立，案件不就简单了吗？

我注定有负众望：“各位，审图机构有过错，当然应该承担责任。但是，在法律上，设计终身制，设计单位的责任才是主要的。而在道理上，监督机构并不因其失职就该理所当然地承担民事赔偿责任，否则，拔高一点说，政府应对所有的违法犯罪承担民事责任，道理是一样的，如果政府监督保护得力，犯罪就不会发生，受害人也不会有损失。但我们不能把监督保护当作监护……”

在建筑界混的人，基本上都不认为审图机构有多大责任，但很少有人认真讲这个道理，情势所逼，我如今得在这儿与云峰讨论讨论。这个道理，之前在与孟总、芳禾和潘老师交流时，他们也是明白的，还问我：本案中设计人和审图机构该怎么划分责任呢？我回答说，这个法律没有直接规定，法官可以凭常识处理：按你们两者收费的占比直接划分赔偿责任。芳禾心中算盘打得溜快，还问：是按实际收费占比还是按收费标准占比划分责任？如按后者，他们占比高，亏了，因为他们实际收费很低。我回答说，当然按后者，你们收费低应视为你们让渡了费用，但这并不意味着你们相应地让渡了责任。

不过，现在既然有信得过的律师坚定不移地否定设计人的责任，那敢情好了，利益趋向开始让多年浸淫才形成的行业感觉变得犹豫不决起来。如同爱上了不该爱的人，芳禾自知爱上了不该爱的物或观念，所以，他一定要我和云峰过过招。说是讨论，其实就是过招，他好当一个旁观者审视自己内心中的是非曲直，确定爱与不爱。

“石老师，你说的是大概念。具体到个案中，如果审图机构把好关，就不会有事故，这是事实。难道审图机构收了费不承担责任？”云峰反驳说。

“法律并没有直接规定审图机构应承担民事责任。[7]他们是否承担民事责任，得看审图合同是怎么约定的。对了，业主起诉我们，依据的是设计合同，合同约定我们应对设计失误采取补救措施，他们认为补救措施包含费用承担，所以要求我们赔偿加固费用。业主要求我们承担合同责任，与审图机构有什么关系呢？”

云峰脑子转得飞快，我刚说完，便立即反驳：“所以，我认为，本案的症结不在设计失误，而在审图失误。设计虽然有失误，但那是审图失误造成的。”这里的逻辑十分清晰：既然设计失误不是设计单位造成的，谈何采取补救措施，遑论费用承担。

我转过头看着芳禾和潘老师，“两位，郭律师的说法是釜底抽薪的。如果说没有设计失误，或者说虽有设计失误，但那是由审图失误造成的，则我们至少可以说，本案中不存在由设计单位造成的设计失误，因此也就不存在设计单位得按约对事故采取补救措施。两位认为设计单位到底有没有失误呢？”

“都已经赔了140万元，现在说设计单位没过错，不好吧。”潘老师小声嘀咕，显得有点不好意思。的确，对于像潘老师这种老实本分、童叟无欺又人畜无害的人——在这儿你用哪一个人品上的褒义词来形容他都不为过，自己犯了错误居然否认，是一件很丢脸的事。潘老师实在是赔不起了，要是他有他的本家潘石屹的资产，全部赔偿再捐赠一笔费用，犒劳一下对方的精神，他也会做的。

五

“云峰你怎么向法庭解释已经支付了140万元的事实？”听到了潘老师的嘀咕，我接过话头问云峰。

“这很简单。140万元的资金从潘老师个人账户转给业主，借给他们的。加固工程很急，他们资金紧张嘛。”云峰说得云淡风轻。

“潘老师又不是潘石屹，他在做慈善事业吗？”

“合作中相互帮助，法官能说这做得不对？”云峰说得义正词严。

据称，在十多年前的彭宇案中，法官的一个引起巨大波澜的推断是，“不是你撞的，为什么你要去扶？”该案经过媒体铺天盖地的报道后，再没人敢扶倒在地上的老人了。云峰的话里流露出的意思估计是，以后法官再也不敢这么做了。但我的估计正好相反，法官也许仍会这么做，只是不敢再这么说，说了要冒天下之大不韪。决定案件判决的真实原因从此被掩埋。同样，我在这儿说出这一点，也是在冒天下之大不韪。说与做的问题，在我们几千年的文化中，仿佛婚姻中的夫妻双方，磕磕碰碰，吵吵闹闹，甚至大打出手，你弄不清其中的是非曲直。人们不敢扶倒在地上的老人，究竟是法官的判决引起的，还是媒体报道的二手货案件引起的？这与说和做一样，纠缠不清。

问题得就此打住。再这样争论下去，势必滑入语言的陷阱，争论会变成在泥淖里如野猪般的挣扎，脱身之时，皆蓬头垢面。

“云峰你可以这样解释，但这个问题得由潘老师做决定。你把潘老师解释得很高尚，但潘老师可能反而认为这很无耻。所以，还是由潘老师来决定是不是该这样解释吧。”我把问题抛给潘老师。潘老师不吱声。

严复曰：“华风之弊，八字尽之：始于作伪，终于无耻。”心中有鬼，才会作伪，虚假的解释也是一种作伪——内心的作伪，在你的心中必定会产生鬼！最终的结果——无耻，不会只是濡染当事人，当语言的陷阱在不经意中变成道德的陷阱时，律师怎么可能脱身？怎么可能独善其身？要脱身，你也许还得求助你心中的鬼……得提防啊！严复这八字，与八字先生的八字本不是一回事，他怎么就成了我国的八字先生，成了本案的八字先生了呢？果真若此，你给法官讲述的岂非鬼怪故事，法官就这么可欺么？

看到潘老师不吱声，我只好说另一个问题："云峰，加固发生在施工期间，不是独立的工程，无须再通过招投标确定施工单位，当作设计变更即可。所以，很难说业主在此有什么责任。"

"这么大的变更，不招标，怎么降低加固费用？"云峰反诘，一语中的。

"是的，因为没有招投标，加固费用700多万元，估计有虚高的成分，但这与加固工程是否应该招投标，是两回事。"我解释说。

我们还没有见到业主与施工单位签订的施工合同，但我判断，国有资金项目，肯定得使用施工合同示范文本和工程量清单计价。无论哪一种示范文本，通用条款都约定，对工程变更中的分部分项工程，清单中有相同单价的，直接适用；有相似单价的，比照适用；都没有的，双方协商。本案加固工程采用碳纤维，原合同工程量清单中肯定没有相同或相似价格，故只能由双方协商。这一协商，哇，不掺杂一点水分，也不太符合实际吧！

在此请原谅，职业习惯会使律师做最恶意的推测。不过，据经济学家论证，花别人的钱为别人办事，是最不经济的。花国家的钱为国家办事，其理亦然。然而在《小道有理》一书中，朗宓榭说："现在，政治学、经济学都有预测，都自称是按照科学的方法进行的，只是每天都在修正。政治学家、经济学家就成了中国商代的占卜之士，大家承认他们，甚至神圣化及崇拜他们。"所以，也不必太看重经济学家，虽然他们能够为我们做最恶意的推测提供理由。事实上，业内人士都知道，如果真的招标的话，各式各样的围标会使工程造价虚增百分之十。去年年底，我曾应邀给某综合执法局讲建设领域的违法违规行为，私下讨论时，大家对围标之弊，深恶痛绝，却一筹莫展。

"不招标也好，加固费用虚高也好，反正，石老师，业主得有过错。他们没有过错，我们怎么协商？"云峰坚持自己的思路。已经涌现的思维，若没有达到目的，是不会罢休的。

"加固费用虚高，这不一定是过错，情势使然罢了。而且，朱总认为，强调业主的过错，可能反而对谈判不利，他们如果下不了台，会死缠到底的。"我把球抛给芳禾，想看他怎么盘球射门。

"找业主的过错，我们在K县不好混。慎重，慎重！"芳禾盘球，射的是他自己的门。

那个下午，孟总是姗姗来迟的一人。才进门他就说，我在门外边坐了很久了，争论很激烈，我听得入迷。孟总进门时那副莞尔入迷的表情，仿佛从争论中看到了荷枪实弹，胜利在望。

六

芳禾在成都的办公室，状如鸽笼。但那天下午的争辩，却是鹰一般的搏击。当然，你要说是鸽子斗嘴，我也完全同意——不是礼貌性的同意，是真心赞同：民事案件不比刑事案件，争讼双方做一做斗嘴的鸽子，更好。

云峰带了一位合伙人，W律师，帮衬争论。在我对云峰的应诉方案做出应对后，W律师问我的思路。

“三点：减少损失，分担责任，争取承担合同约定的10%。”我简明扼要。

“怎么做到这些呢？”对方问。

“鉴定！恢复原设计增加配筋会增加造价，采用碳纤维加固较正常加固费用偏高，这些都应该从加固费用中扣减；第一次鉴定报告显示施工有责任，但没有明说，我们需要通过第二次鉴定将其明确指出来。争取只承担设计失误造成损失的10%，这与鉴定无关，纯粹是律师的事。”我重述了一遍我反复在说的思路。

“把问题整这么复杂，法官会被弄晕的。而且，鉴定不由你控制，未必能达到你想要的结果。”W律师反诘，所言极是。是的，除极端的权力外，没有谁能控制鉴定。至于法官是不是会被弄晕，得看法官的智慧了。

“的确，我们控制不了鉴定，但我们能事先把握鉴定。靠什么？靠建筑专业知识。所谓专业知识，不过是行业共识而已，大家的思维应该是差不多的，不会彼此对立到哪儿去。”我解释说。

这时孟总推门进来，立马成为所有目光注视的焦点。孟总表扬了一番今天的争论，总结说，再次鉴定还是有必要的，没有再次鉴定，只凭原来的鉴定，法官反而会一头雾水。

争论形式上结束。吃晚饭。云峰和W律师另有饭局未参加。饭间，芳禾抚酒感叹，石老师，你与云峰的分歧有些大。

“没有分歧，芳禾！在法庭上我们可以各自抗辩，这反而能够相互补充，相得益彰。”我立马圆场。

“石律师，郭律师那些观点，如果真的有道理的话，你在法庭上也可以说呀。”有人插话，暗藏机锋。

“不！有些话只有非专业人员才说得出口，如加固工程，没有招标可能导致费用虚高，合法不合理。但是除非你能为业主找到一个降低费用的办法，否则你说业主的做法不合理，你自己信吗？”我解释说。很多时候，我们认为别人的做法不合理，是因为我们潜在地假定别人应比我们更高明、更专业，但是既然如此，我们又有什么资格说别人做得不合理呢？

这时，潘老师补充说：“是的，如果加固工程招标的话，可能会出现两个总承包单位，问题就多了，工程也不好竣工验收。”

一个单位工程，如一栋楼，应该只有一个总承包商，物理使然。反之，若有两个或多个总承包商，则往往责任不明，麻烦不断。所以，建筑法禁止将单位工程肢解发包。如有违反，当然是不能办理施工许可证的，更甭提竣工验收了。但是，这并不意味着本案中的加固工程就得由原施工单位施工，业主其实可以借鉴国际上通行的做法——指定分包——来确定分包单位。[8]

于是，我接着潘老师的话说：“潘老师，有一种方法能解决既招标又避免出现两个总包单位的问题：指定分包。但是，这个概念不好给法官讲清楚。我当年给朱总他们上课时用了整整一个学期讲菲迪克（FIDIC）施工合同条件，其中就包含指定分包。朱总理解这个概念了吗？”

“早还给老师了！”芳禾以套话表达谦虚。

如果云峰退出此案，我不想让他觉得是我的原因，人情也！执业伦理也！孰去孰留，或皆去皆留，均取决于当事人对诉讼方案的选择。我因此提醒大家，郭律师的应诉方案是不需要再次鉴定的，但是，如果要我参与本案，你们得马上决定是否再次鉴定，开庭在即，时间不多了。

第四章

茶室密谈，敌友难辨

一

我第一次遇见江珊是在一个茶楼的包间里。

芳禾在K县展开了活动，找到了为施工单位提供法律服务的D律师。D律师之前在K县国资委工作，当年曾代表政府与潘老师谈判过赔偿事宜，补救措施包含费用承担也是他率先提出来的。

我问芳禾与D律师是什么关系？同学的兄弟！是否靠谱？非常靠谱！当年谈判为什么没有找他？那时潘老师负责此事，我没参加！我对芳禾的回答半信半疑。有研究说，在这个世界上，你最多只需要通过六个人，就可以与任何人建立起关系，哪怕是特朗普和普京。这叫作“六度空间理论”。一个小县城，我猜测你只需要通过一个人就能与另一个人建立起亲朋好友的关系，充其量“二度空间”。

D律师在成都有住房，小孩在成都读书，周末会从K县到成都看望小孩。芳禾建议我和他见面聊聊，给D律师谈谈我们的应诉思路。我高度警惕，是敌是友，情况不明啊。

黄昏时分，茶楼包间十分昏暗。窗户很小，外面是成都那种典型的似笑非笑、似哭非哭的天气，让你产生矛盾的感觉，仿佛山雨欲来，又仿佛日光将至。没有会议桌，拿麻将桌当会议桌用。芳禾、潘老师和我先到，各占一方，三缺一了。

有D律师参与，云峰就不必介入此案了，怎么向云峰解释呢？闲聊之际，芳禾首先表达了这种顾虑。我劝芳禾别把事情和交情混在一起，事情是事情，交情是交情，各有各的规则，做事不可为交情所累，好言好语给云峰说明情况即可。潘老师表示赞同。

“怎么给云峰说呀？”芳禾低眉俯叹，耿耿于怀的心情就像堵塞了的下水道，非道理能疏通。“云峰是K县政府的法律顾问，如果他站到了我们的对立面，对我们不利。”芳禾终于道出了隐忧。

“芳禾，我们真正的对手不是项目业主，而是县政府，如果云峰知道这一点，他应该自觉回避代理你这边。”我继续劝说，“这个你可以向云峰说明，就说大家会议研究了，他最好回避此案，否则，就算我们打赢了官司，胜之不武啊，最关键的是，可能还会引发后遗症，监察委再次介入。云峰是聪明人，他会理解的，不知道情况他可以为你代理，知道了情况他本就应该回避嘛。”以利害说事，比以道理言之，效果明显，芳禾那种像窗外天气一样哭笑不得的心情，似乎有些舒展。

“如果他站在我们的对立面怎么办呢？”芳禾继续问。

“你曾向他说过你做了什么见不得人的勾当吗？”我反问。

“没有，没有，绝对没有！”芳禾矢口否认。

没有说过？还是没有做过？这本是两个问题，合在一句话里，是为了好问，也是为了好答。像芳禾这种性情豪爽、言语絮叨的人，你要说他做过什么违法犯罪的事，我打死都不相信，他怎么能够藏得住话不说出来？爱叫的狗不咬人，话多人透明。但是，你要说他一身正气、什么问题都没有，这也太对不起他那个“朱老大”的称号吧。庄子曰：“为善勿近名，为恶勿近刑。”芸芸众生大多在善恶之间。

但不能再追问了，点到为止，让当事人自己把握吧。

二

三缺一之际，有人敲门。芳禾开门迎接，江珊款款而至。

江珊步态优雅，举止从容，身上有着职业女性的干练。我先是一愣，D律师是女的吗？我提醒自己得留心。

记得去年这个时间在西藏高院开庭时，遇见一位如花似玉的当地女律师。那是一桩实际施工人向承包方追讨工程款的纠纷，她代理实际施工人，我代理承包方。对方的证据之一是施工合同履约保证金先由其支付给承包人，再由承包人支付给项目业主。我主张该笔款项的法律性质不是履约保证金，而是双方之间的往来款。没想到，我话刚说完，该律师就当庭要求法庭给我惩罚，说我在编造事实，妨碍法庭审理案件。我注视着她那张白皙的脸，心中愤懑而无奈，之后怔怔地望向审判席，看怎么处理。所幸法庭当作没听见，没理她。感谢法庭这种必要的装聋作哑，没让我对漂亮的异性同行产生偏见。

同一笔资金，实际施工人打给承包人是往来款，承包人按约转给项目业主才是履约保证金。这个名与实的问题，即应该与实际的问题，梅因在《古代法》中说古希腊人没有搞清楚，应然和实然在他们那儿是混淆的，是一锅粥。不过，文明发展到今天，我们的法院还是清楚的。我幸运地躲过了上一劫。而这一劫——本案中那个哈姆雷特式的问题，即本案中的管辖权异议是不是管辖权异议——会由混沌变为清晰吗？

入座后，芳禾介绍了江珊的身份。我顿感释然，饶有兴致地向江珊讲述着案情，以及我们的应诉思路。江珊听得着迷，不时提问。具体怎么讲的，虽然时隔不久，但我已经想不起细节了。只记得那种突然放松的心情，让我感觉似乎回到了孩提时代听讲童话的情境。公主摆脱恶魔的纠缠了吗？公主最后嫁给王子了吗？江珊每次的提问，都让我脑子里回响着童话的声音。公主还没有摆脱恶魔的纠缠，公主是否嫁给了王子，还得看王子能否倚天屠龙呢。

末了，我对江珊说，一会儿D律师到，让他多说，我们多听。江珊点头，给你一种冰雪聪明的明白。

茶楼就在D律师家附近。D律师因为要从补习班接小孩，来得比较迟。握手落座后，聊了会儿案情，D律师拿过一张纸，以思维导图的方式来分析案件形势。从下而上，分别是法官的名字，审判委员会，最上面是另一个人的名字，D律师指着这个名字说："朱总，最后的决定权肯定在这个人手里。"不用说，这个人应该是法院院长。

"你们真正的对手不是项目业主，是县政府。"D律师一语解释了案件最后的决定权为何会上移到法院院长的原因，大案呀，法官做不了主的。之后，D律师转过头对我说，"石律师，你怎么考虑应诉呢？"

"抓住10%不放。按约定，我们只赔偿损失的10%。"我回答。

"症结不在10%，而在于补救措施。诉状中都没有提到10%，只说补救措施应包含费用承担。这种主张还是我当初最先提出来的呢。"说罢，D律师在手机上翻开合同法的相关条文，展示给大家看。的确，按法律规定，违约之后的补救措施是包含费用承担的。[9]

“D律师，设计合同中约定的补救措施与合同法中的补救措施是不同的，前者并不包含费用承担，否则，对损失严重的，设计人还得赔偿×%，这就成了惩罚性赔偿，当×是100时，就成了双倍赔偿。这不符合民法原理。”我说。

“我也这么认为，这不符合民事赔偿的填平原则。但是，说设计合同中的补救措施与合同法中的补救措施不同，不包含费用承担，有何依据呢？换句话说，如果法官认为10%是双方约定的惩罚性赔偿，她错了吗？你怎么办？”

D律师四十多岁，性情平稳，话不多，说话不紧不慢，但句句都在点子上。其体态、相貌皆似荧幕上的唐国强。K县虽小，藏龙卧虎啊！

三

她错了吗？你怎么办？这两个问题在我头脑中纠缠了好一会儿，仿佛阴阳八卦图中那两条黑白相映、不断旋转变换的鱼，是非、黑白、有想、无想……当两条鱼相互转动得越来越快时，你眼前是茫茫一片不黑不白、既黑又白的灰色。这就是现实世界的色彩。

“D律师，你的看法呢？”稍作沉思后，我反问D律师。

“设计合同采用的是示范文本，这是住建部和国家工商管理总局制定的。如果能让其中一个单位出具一个书面说明，解释一下合同中的补救措施特指技术补救措施，Y法官肯定会采信的，她有理由说服审判委员会和院长。”D律师指出了一条路。

“公司总部在北京，我让孟总想想办法。”芳禾接过话茬儿，不知此事之艰难。上位者不管小事，非要让他们出具一个书面说明，谈何容易。我表达了我的想法。

“如果做不到部委一级出一个书面说明，能让省住建厅出一个书面说明也行。”D律师继续说。

“设计合同文本不是省住建厅制定的，他们没有解释权。口头给你说说也行，但要出书面解释，估计他们不会。唯一可能的办法是向省住建厅打个报告，请求他们请示住建部给一个解释。不过芳禾、潘老师，天下没有免费的午餐，你们得估算一下成本，还有时间。”我说。

说到成本，潘老师有些急了，嗫嚅而言：“按理说，住建部和国家工商管理局没有理由不给出解释，不然行政不作为，怎么这么麻烦呢？”潘老师知道个中艰难。他已经琢磨过各种办法，在网上也查找过相关资料，甚至还用公开电话向省住建厅相关部门咨询，电话中一个温和的女性声音说，补救措施就是指技术补救措施呀。我曾问过潘老师，你没问她能不能出个书面说明？问了，对方说这事归领导们管，她只负责电话咨询。我又问，你给电话做了录音吗？潘老师回答没有，觉得那样不好，有些见不得人。我一时惭愧，哪怕是公开电话，要录音也应该事先给对方说明。

好像是要弥补惭愧，我认真十足地给潘老师解释说："他们确实有义务给出解释，但他们的解释是向社会公开的。潘老师，单独给你个人出个解释，可能吗？即使是给你个人的解释，也得以维护社会公共利益的名义，并向社会公开呢。"

"D律师，即使有了一个书面的权威解释，也不一定能起作用。"我回归正题。

"怎么说？ Y法官是我表妹的同学，几家人常有往来。上次我见到她，说起补救措施这事，她还问我现在代表哪一方呢。"D律师点到为止。

"按合同约定，我们赔偿实际损失的10%，对方可以主张是违约金，太低了，可按司法解释的规定要求法院据实调整。所以，从这个角度来看，不论补救措施是否包含费用承担，法院都可以判决我们赔偿全部损失。"我解释说。

"太低、太高，有什么标准呢？"D律师问。

"正负30%吧，即低于实际损失的70%、高于130%，可要求法院调整，法院应该调整。”[10]

D律师是一个严谨的人，在手机上查看了一下相关的司法解释，确认无误后，认同我的说法。问题麻烦了，补救措施也好，10%也好，都不一定靠谱。D律师问我，石律师，还有别的办法吗?

四

再次鉴定，缩小损失基数，让施工单位分担责任。我向D律师简要地阐明了我的想法。“D律师，对方律师与你是同一个律所的，千万不可将我的思路告诉他们，这会给我们添加一些不必要的麻烦。”我特意叮嘱。

“放心，石律师，绝对不会告诉对方的！让施工单位承担一部分责任，也有道理，但可能会把事情弄复杂。”D律师似乎话中有话。

这时，芳禾插话，直接表达了他的顾虑：“石老师，施工单位答应为我们斡旋协调，他们在K县的人脉关系很硬，把他们牵扯进来不好。”

“邪门！他们为什么要为我们协调?”我疑窦顿生。

“石老师，这事以后再说，以后再说。我还得在达州混，不能得罪那么多人哈。”

芳禾有顾虑是对的，这是当老总的思维，做事不能顾头不顾尾。但这也给我出了一道难题，我预感自己会在一道又一道的窄门中穿行，左顾右盼，步履维艰，如同穿越幽深昏暗的森林。但丁在《神曲》里说，“就在我们人生旅程的中途，我在一座昏暗的森林之中醒悟过来，因为我在里面迷失了正确的道路。”所幸但丁有维吉尔引路，而我的引路者，大概只有天上那颗流星吧。

稍许思考后，我说：“第一次鉴定是施工单位自己委托的，从鉴定报告上看，施工单位必定有责任，完全回避这个问题，已经做不到了。我们只能采取一种折中的办法。”

“什么办法？”芳禾追问，眉头紧蹙，迫不及待。

“不主动申请追加施工单位作为被告参加诉讼，不说施工单位应该承担责任，只说因施工工艺造成的损失不属于设计失误造成的损失，应该从加固费中扣减。至于施工单位是否应该对施工工艺造成的损失承担责任，留待他们自己去抗辩吧，承担或不承担，得看施工工艺是否满足了施工规范的最低要求。”

“那就够了！我也是这么想的。仁至义尽。”芳禾放下心来，一脸的舒展。他得讲江湖道义呀。讲，不一定道义，不讲，肯定不道义。

本案中，施工单位与设计单位大概率会相互推责，本应是对手，为什么它要为设计单位斡旋协调呢？诡谲呀！难道两者真有什么见不得人的勾当？记得芳禾第一次给打我电话时说，施工单位的马仔涉黑入狱，为了立功，检举了本案。马仔？这是香港电影中对黑社会无名喽啰的称呼，正当的企业，哪怕是扫地的员工，在四川最多叫什么来着，丘二吧。或者是施工单位担心自己被牵扯进来，自愿为此案斡旋，以求短平快地解决问题，避免夜长梦多？D律师是代表施工单位在与我沟通交流呢，还是芳禾请来帮忙谋划的人，仅因为他是施工单位的法律顾问而在不自觉地为其着想呢？……

所有这些谜一般的问题在我的头脑中一闪而过。没有时间思考，也不方便问，或许就不应该问。好在我做案件的方式是，不惧对方知道自己的诉讼方案。知道了也许更好，彼此可以像墨子和公输班那样，事先预演，将疆场锁定于想象，避免干戈。不过……实现正义难道不需要谋略吗？以谋略实现的正义还是正义吗？阳谋听起来不错，但一不留意它就会转变成阴谋，就像阴阳图上那两条旋转的鱼。谋略越多，正义越少！话虽如此，但有些谋略还是别让对方知道的好。

我陷入沉思，表情呆滞，瞥见江珊在一旁的沙发上坐着，嘴衔微笑。木头人，我想她肯定是这么想的。

五

晚春时节，暮色已降，差不多快八点了。成都的夜比其他城市来得急一些，随着太阳的降落，西边高耸入云的龙门山的巨大阴影很快就罩住了整个成都平原。

晚饭没有预订，出门现找。街边食店林立，步行百余米，陡见一灯火通明、招牌既洋又土的食府，芳禾说这儿看着不错，就这儿了。入大厅门，被服务员拦下，“先生，我们明天才开业，欢迎你们明天光临。”“不是有人在吃饭吗？”“今晚是开业前的酬谢，明天才开业。欢迎你们明天光临。”于是继续前行，又走了数十米，一大排档烧烤坐满了人。“这儿肯定好吃，就这儿吧！”芳禾果断决定。

生格格一只乳羊端上，架在炉火上缓慢翻滚烤炙。过了一会儿，服务员说可以吃了，自己动手用刀切割吧。味道果然鲜美，吃在成都，名不虚传，味在地摊，还得善于发现。于是大快朵颐，饮酒乐甚。中间上了一次卫生间。

回后落座，大家吃得正欢。江珊不饮酒，吃得雅致。“喝！喝！喝！”芳禾声音最大，举杯张罗不断。孟总晚到，兴之所至，架不住小饮一酌。D律师挡不住芳禾那“朱老大”般的热情攻势，有些微醺。潘老师像是在喝闷酒，越喝越闷，越闷越喝，不言语。刚落座，芳禾的杯子就举过来了，石老师，你这一出去，我们已经喝了三杯，你得补上，来来来，先满上。

我敬D律师，感谢他的帮助，让我厘清了案件思路。“其实还有一个问题，十分重要，不知当说不当说。”酒精拉近了距离，我忘记了刚落座时主动要加D律师的微信被婉拒的尴尬，没忍住把没打算说的问题说了出来。

“什么问题？”D律师问，充满警觉。

“原告起诉设计单位和审图机构，诉状很邪门，诉状上写明是设计合同纠纷，即违约之诉，但原告实际做的却是侵权之诉，否则，设计合同和审图合同，两份合同，应是两个案件，怎能扯在一块？”

六

D律师当即决断，返回茶楼，重新讨论案件。

“有过错行为，有损害结果，过错行为和损害结果之间有因果关系。侵权成立。”回到茶楼原包间，D律师习惯性地找了几张纸，又以思维导图的方式写写画画起来，口中念念有词。“石律师，违约之诉，侵权之诉，你觉得哪一种对我们更有利？”末了，D律师问。

“差不多吧。但选择权不在我们手里，得由原告选择。原告言行不一，说的和做的不一样，是不是想保留机会伺机而动呢？”我反问D律师。

“首鼠两端之举呀，以图高明！”有人插言，记不清是谁了，像是画外音。

“有可能。你们最好做两手准备，同时对付违约之诉和侵权之诉。”D律师建议说。

讨论于是展开。最后的结论是：案件必然走向侵权之诉。

侵权之诉较违约之诉，远为复杂。违约之诉就那么几个争辩点：补救措施是否包含费用承担？实际损失的10%是不是违约金，是否太低可要求法院调整？而侵权之诉的争辩点就太多了：是共同侵权，还是分阶段各自侵权？设计单位有过错，但是否违法？设计收费大大地低于收费标准，业主是否应该对设计单位的过错负一定的责任呢？设计失误所造成的损失是否只限于设计费，还是可以扩展到整个工程事故损失？原告选择侵权之诉，合同法的规定以及合同的约定，还适用于本案吗？哪些适用，哪些不适用？如适用，该怎样适用？……

这些问题开始在我的脑海中聚集，没有时间讨论，一时无法给出答案，如何厘清还需要时间。

“石律师，侵权之诉的确复杂，争议点很多。你估计法院最后会怎么处理这些争议？”D律师最后问。

“法院应该会简单处理，当作无意思联络的数人侵权或共同侵权，按主要责任、次要责任这种方式划分责任比例。”我回答。

“原告肯定要追加施工单位、监理单位作为被告。”D律师判断。

“是的。原告甚至可以追加勘察单位作为被告。”我补充说。

“勘察单位没有责任哈。”芳禾插言，似乎感觉我的说法不靠谱。

“有无责任是判决的结果，最终由法院判定。在无意思联络的共同侵权中，每一个参与人都可以是被告，都可能承担责任。具体来讲，对方如果启动侵权之诉，多半会申请法院对本案工程质量事故做司法鉴定，而在鉴定的过程中，不能预先排除勘察单位，确认其没有责任。”我解释说，意识到这是典型的法律思维，当事人不一定理解的。好在D律师在场，其颔首默认之举，让在场的人不至于觉得我在胡说。

第五章

开庭前夜，黑云压城

一

5月11日下午开庭。开庭前一天黄昏时分，在自成都去达州的动车上，江珊与我坐在一起，促膝长谈。

明天开庭，本来潘老师是要一起走的，但因临时有事，只好坐晚上的动车。芳禾已经在达州，晚上安排了饭局。可不知怎的，我脑海中闪现的却是鸿门赴宴的场景，掂量着晚上饭局中会有哪些人。

上午，江珊从蔡老师那里拿到了鉴定报告。动车启动后，我首先翻看鉴定报告。“天！”我一声惊叫。

“石老师，怎么了？”江珊关切地问。

“蔡老师没有接受我对鉴定初稿的文字修改，这还是次要的。最严重的是，恢复原设计，造价增加，但没有预算作为附件，只写了约427.3万元。‘约’，到底是多少？给人的感觉是，鉴定单位在拍脑袋！”

我在对鉴定初稿提出修订意见时，曾以插入批注的方式，强调了预算应该以元为单位、精确到小数点后两位，并应将预算书作为附件。对此，蔡老师微信回复我：精确！我把蔡老师的回复拿给江珊看，叹息："唉，既如此，为什么不落实呢？不落实为什么不提前说一声？让我们措手不及。"

"那怎么办？"江珊有些急了，一脸惶惑。

我没有回答，一时无从回答。郁闷！好在蔡老师将"鉴定报告"正了名，他给我鉴定初稿时，抬头是"技术服务报告"，我要求无论如何都要改成"鉴定报告"。本案工程鉴定，第一次叫"鉴定报告"，第二次叫"技术服务报告"，你让我怎么去解释？怎么去抗辩？蔡老师推说，省高院前几年曾召集专家们开过会，不是法院委托的，不能叫"鉴定报告"。我说省高院的说法对造价鉴定来说是对的，对其他的则未必；[11] 你可能记错了，有会议纪要吗？必须改成"鉴定报告"，举手之劳啊……哼，你如让鉴定报告的效力打折，我会让当事人将你的鉴定费用打折。蔡老师不置可否，只说他尽量争取审核专家同意，同时提醒我，恢复原设计增加造价的预算，它的性质是预算，不是鉴定啊。我说是的，这我能理解，鉴定嘛，本是对事物的某种特性或是否能达到人们的某项要求提出的意见，造价鉴定不具备此两者之任一，说它是鉴定，本就不科学，它经不起证伪嘛。两个鉴定单位给出的造价必定不同，最终采信谁还得由法院说了算，法院往往看谁资质高就采信谁。造价鉴定受鉴定人资质的影响，这不就是海森堡测不准原理吗？

动车在四川盆地内由西向东穿行。这儿的景色，比不上北方平原的辽阔，比不上西藏、新疆的壮美，也比不上江南山水的秀气，但是，窗户中一帧又一帧如电影般不断掠过的画面，会让你感觉这儿聚集了我国东南西北所有景色的特点。“文章乃案头之山水，山水乃地上之文章”，这儿就是我国的一道盆景。

我在心中琢磨着应对之法，思维飘散在空中，沉思半晌，似乎有解。“石老师，你打离婚官司吗？”江珊柔和的声音从耳边如丝飘过。如此美景，似乎该换个话题，聊点轻松的，方不辜负时光如斯。

“不会是你要离婚吧？”我回过神来，一愣，还是沉重的话题。

“不是，是我一个朋友的。她正在和老公闹离婚。”

“那就好！”我说，聊别人的事，总可以轻松些了，“我不打离婚官司，但可以为离婚案件提供咨询，不收费。我咨询过的案子上千件了，很多人我们都没见过面呢。”

“那你这方面的经验肯定丰富了。”

“如果想痛快离婚，或者想尽快恢复普通人那种差强人意的幸福生活，可以找我呀，我会帮助你对付你老公、对付你自己，让生活尽快恢复正常。”我好像在打起广告，准备卖狗皮膏药似的。来劲，王蒙所说的那种来劲。

普通人那种差强人意的幸福生活，出自简·奥斯丁《曼斯菲尔德庄园》一书。她在书中说：“让别的作者来描写罪行和痛苦吧。我尽快抛开这样一些令人厌恶的话题，赶紧让那些没有重大过失的人恢复他们差强人意的幸福生活。”芥知馆每周六晚上的演讲，已经进行到了第五十四期，下一期轮到我主讲，讲稿已经准备好了：《读书笔记：安放灵魂的花园》。演讲中将谈到奥斯丁，以及她这句为普通人准备的名言。

二

江珊向我介绍了她朋友的情况。我听着故事，看着车窗外，联想到的是这趟动车的奔驰，从成都到达州，中间停两个小站，最后驶向终点，每两站之间的距离就是婚姻中的七年之痒吧。江珊还年轻，她的朋友也一样，大概该经历第一个七年之痒转型的阵痛了。

故事很简单，也很寻常。女方辞去原工作，生孩子，产后被男方介绍到自己的单位工作。一段时间后，女方发现男方与另一女同事有染，闹过，现在男方把家当作旅馆似的，很少回家。

“女方有证据吗？”我问。

“有的，两人在微信上的聊天记录、男方转账消费什么的，女方都查到了。过分的是，男方今天在商场消费一笔钱，第二天女同事身上就会穿一件价值相当的新衣服。这太过分了！”江珊说着，有些替朋友生气。

“有没有捉奸在床？”我直白地问。

“这个难度好大呀！……但想必他们发生过关系。”江珊面有羞涩，犹疑了一下说。

男女之事，无论说得怎么正经，都有些八卦。与江珊就这么半认真、半八卦地聊着，动车已经驶过第二个小站，直奔终点达州而去。唉，怎么让婚姻这趟动车中途不停留而直达呢？现在人们结婚大多是因为爱情，但婚姻作为一种制度设计的目的在于保护家庭，尤其是要保护家庭中的弱者——未成年小孩，爱情和婚姻该如何搭接，难道真的靠八卦、找算命先生？你可千万别否认你结婚没有看过日期。

让人心情愉悦的八卦思维，暂时让我回避了对如何克服鉴定报告之不足的理性纠缠。我同时下定决心，开庭完毕回成都后，建一个“女性婚姻公益法律咨询群”，目标是帮助普通人恢复他们那种差强人意的幸福生活。

这不也是本案诉讼的目标吗？

三

在达州下车后，小潘接送，直奔饭局。细雨中，车窗外一片迷蒙，听得到车窗玻璃上雨滴的声音，淅淅沥沥。“石老师，你带伞了吗？”出动车站时，江珊问。“没带，我从不带伞的。”我说。“我带了！”江珊说，语气中有一丝自豪，似乎想看到我淋雨后狼狈的样子。

芳禾已经在一家鱼庄的包房里等待多时，陪同的还有他的两位兄弟，施总和肖总。虽是律师，但因兼有芳禾老师的身份，我盛情难却忝列上座。各种鱼品鱼贯上桌，觥筹交错开始。

施总是一位房地产开发商，面相平坦温和，几天前曾与芳禾到过芥知馆，说是看看芥知馆的设计，看对自己在达州开发别墅有无借鉴。酒桌上第二次见面，自然算是老朋友了。

肖总是一位建筑专家，面相陡峭冷峻，有似剑客，一照面，即给人一种剑光寒气的感觉。宝剑锋从磨砺出，他常应邀在达州参加各种专家评审活动，名闻遐迩。酒桌上第一次见面，彼此自然客气些，我请他酒后参加讨论，帮忙看看鉴定报告有无问题。

席间，芳禾谈到通过肖总的关系，打听到监察委出具监察建议系公事公办，没有特别针对谁的意思。芳禾在劝酒时透露，想让我宽心喝酒。

“嗯，好，这自然好了。”我回应，“但是，芳禾，不可掉以轻心，国家机器一旦启动，它会按照自己的方式运行，与启动者原来想做什么和不想做什么是没有关系的。”

肖总在一旁点头表示赞同，补充说：“石老师说得对。上面的不一定有这个意思，下面的不一定会认为就没有这个意思。上面有动作，下面就有反应。小心驶得万年船。”肖总一语道出玄机。我佩服肖总的冷幽默。

是呀，除了韩信，谁能做到卒然临之而不惊呢？芳禾的谨慎是对的，打听一下，放心，但不一定管用。

饭桌上是达州各式各样、各有特色的鱼，味道各自鲜美。对它们来讲，除非有命运的安排，否则不可能相约聚集在今晚的餐桌上。主宰它们命运的是谁？人？不，在座各位是这些鱼聚会的见证者、参与者，或者说是它们聚会的一部分，工具或手段。切成鱼片的是大鱼，已经难以窥见全身，按人数一人一条横陈在盘中的是小鱼，达州本地清波鱼，尚见全身，鱼目亦在，看着大鱼仿佛在说，嗨，大鱼吃小鱼的，都没保住全身呢！吃鱼勿言，这条禁忌让餐桌上少了些许川人那种吃火锅时摩拳擦掌的吆喝。少许的话语和默默的细嚼慢咽，时而迫不得已的肃静和川人吃相偶尔的文雅，算是对这些鱼之美味的礼赞吧，或者礼葬。

酒是水井坊，芳禾在达州的接待标配。石老师，这是成都的酒，配达州的鱼，你从成都来，到达州，绝配哈！以前聚会喝的都是潘老师带的东方红，这会儿潘老师还在动车上，正在往东方赶。人的胃本是动物坟场，但这会儿水井坊配鱼，让你陡然感觉人的胃也是一口井，广阔无垠又深不可测，如荷马史诗中那“酒蓝酒蓝”的大海，任鱼魂漂泊，与你相濡以沫。

四

饭后，茶楼。肖总看了一会儿鉴定报告，猛然甩出一句话：“这鉴定报告狗屁都不值！”众人一时惊呆。

“怎么讲，肖总？”我小心翼翼地问。

“鉴定结论不明，得通过上下文才能理解它的意思。法官哪有这种专业能力？”肖总神色严峻，有似黑脸包公。一种黑云压城的感觉。

“肖总所言极是！我在对鉴定报告初稿提意见时，曾以插入批注的方式将结论改写成完整的语言，蔡老师没反对，我以为他接受了。现在看来他没有，也没提前告知为什么不接受。我也是下午在火车上才看到正式的文本，明天就开庭，来不及修改了。”我附和着说。

不直接写明结论，多一个解释，会让法官多一分怀疑，当解释达到三个以上，法官基本上就不采信了。一尺之棰，日取一半，取了三次，还有多少？好在这鉴定报告只有一个解释，我在法庭上估计得多费些口舌了。

“鉴定机构那点小伎俩，担心写得清清楚楚、明明白白、一看就懂，他们到时没有解释的回旋空间，不好为自己的专业不精推脱了。我太知道他们的惯常做法了，狡兔三窟。”肖总翻着鉴定报告，继续抨击，声色俱厉，不愧是行内高手。“你们看，报告这儿有一份《成都市房屋安全鉴定机构名录登记证书》，这上面明明白白写着‘在成都市范围内从事房屋安全鉴定活动’，工程在达州，超出范围执业，对方会咬住不放。真是狗屁不是！”

大家凑拢一看，果真如此。这还了得？

鉴定单位资质的问题，我还真没注意到。蔡老师是一方专家，做过无数鉴定，资质不用我去操心吧？我拿过鉴定报告，细看资质资料，除肖总所说的问题外，鉴定单位只有乙级设计资质，太低了！——这也许与鉴定费用偏低有关？还是蔡老师留了一手，他曾说他有几个单位可以做鉴定，现在用资质低一点的做鉴定，以后再用资质高一点的争取可能发生的司法鉴定？我胡乱猜测了一番，感觉有些愧对朋友。他们夫妇前不久还答应要给我家小孩送一只猫来呢，那可是他们家的“闺女”，我家小孩一直等着，每天都在问，林阿姨什么时候将猫送来？我也认为芥知馆不能没有像猫这样的精灵……不能胡乱揣测，事实应该很简单，蔡老师肯定是看着哪家单位用起来方便就用哪家了，只怪我自己没有逐页检查。

“《成都市房屋安全鉴定机构名录登记证书》应该只是能力证明。”我解释道，力图让大家宽心。“我的理解是，鉴定机构的执业范围不受地域限制，因为我们国家建筑行业的资质不受地域限制。[12]而且，工程地点虽不在成都，但委托单位在成都，工程设计也是在成都做的，并且本次鉴定不涉及现场踏勘，所以，即使对方咬文嚼字、鸡蛋里挑骨头，我们也能解释得过去。不过，设计资质乙级，低了一点，降低了鉴定结论的权威性，也降低了预算的权威性。”

肖总坚持他的意见，只要你在解释，法官难免一头雾水，解释越多，雾水越重。我想起几小时前在达州站下车时差点被淋雨的感觉，那必定也是一头雾水。额头有点湿漉漉的感觉，一摸，是汗。

芳禾急了，怎么办？“石老师，要不我们把《成都市房屋安全鉴定机构名录登记证书》这一页撕去？”土匪！没有王法了。我建议他给蔡老师打电话，要撕，也得蔡老师同意撕，否则，将涉嫌证据造假。

五

茶房里的气氛越来越紧张，芳禾拨打蔡老师的电话时，响铃的声音在凝重的空气里显得异常尖锐，听之惊心。芳禾与蔡老师啰嗦了半天，蔡老师终于知道了芳禾所说的问题，让我接电话。

我与蔡老师做了短暂的沟通，很快就达成了共识。我叮嘱他，如果法庭需要鉴定机构出面解释澄清，到时还得麻烦他跑一趟。蔡老师当然同意。事物没有完美的，事已至此，只能将就了。

芳禾接过电话，继续问蔡老师，可不可以把那一页撕掉？“当然可以，但是你的页码连不上。”蔡老师回答。可不可以换一家达州本地的鉴定机构，剔除那一页，重新打印，盖他们的章，解决页码问题？“当然可以，但是你的时间可能来不及了。”蔡老师回答。

芳禾跃跃欲试，就换一家达州本地的鉴定机构吧，凭着他“朱老大”在达州的关系，搞定这件事还不是分分钟的事情吗？

芳禾，不可为之！我喝住芳禾。拿掉《成都市房屋安全鉴定机构名录登记证书》，不等于拿掉了事实。掩耳盗铃之举，徒骗自己而已。对方如果细心一点，在网上一查，照样可以查到这份资料。而且，我认为，有这份资料比没有这份资料要好。换一家鉴定单位，也可能会出现这样那样的问题，不如人意的地方就像小草一样，总会从石头缝缝里拼命蹦出来。最关键的是，换了鉴定单位，如果以后真的需要专家出庭，谁去向法官解释？

“当然还是蔡老师去。”芳禾回答。

“名不正则言不顺，蔡老师以什么身份去解释？”我反问道。

事情就此僵持，大家都默不作声。偶尔从角落里传来一声叹息，是潘老师，晚饭他没有赶到，但讨论问题，他必须在场。这儿会他在那儿闷头抽烟，一支接一支。江珊坐在靠墙边沙发的一角，没有表情，没有声音，像猫一样静默地看着大家。施总试图缓和一下气氛，说了点别的，无人接应，只好欲言又止。所有人的目光都落在我身上，怎么办？

“两个办法。要不就这么去开庭，不管其他，法庭上碰到问题了再说，船到桥头自然直。要不就不去开庭了。”我说。

不去开庭？肖总大为吃惊，法院可以缺席审判，这后果你们承担得起吗？看着他那惊愕的表情，我不禁联想到为什么武侠小说中没有政府，有也是添头。纵然是侠客，可以刀光剑影，可以飞檐走壁，但若要与权力对抗，仍不免胆寒。

我向肖总解释了不去开庭的理由。毕竟我们提出了管辖权异议，4月19号的开庭我们没去，法院也没真的开庭，明天的开庭，我们仍然可以不去，告诉法官我们还在等驳回管辖权异议的裁定或驳回原告起诉的裁定。管辖权的问题没解决，我们可以不去开庭。

“驳回管辖权异议的裁定？别指望了，石老师，”芳禾说。驳回原告起诉的裁定？做梦吧！芳禾没说出口，那小子还得给老师留点面子。

“芳禾，等裁定只是个理由。要不我们再赌一把，明天不去，看法院真敢开庭不？我不相信我们赌不赢。”我转动着目光，来回依次看着芳禾、潘老师和江珊说。他们三人是决策者，我只是参谋。

一番讨论，不赌了。人都已经到了达州，再不去开庭，真的就冒犯法官了。而且，这次我还真没有上次那种一定能赌赢的底气。两次的情况虽然完全一样，但这次就是没上次的底气足，不知为什么。“夫战，勇气也。一鼓作气，再而衰，三而竭”，可解释吗？或许底气与勇气一样。

“还是要去开庭！”芳禾一锤定音。

六

回到酒店房间，已是深夜十二点。我是夜猫子，习惯了凌晨两点上床，还有两个小时，我需要打扫一下思维的战场。

冲了个澡，想让头脑更加清醒一些。在房间里来回踱步，预演明天下午开庭时可能发生的攻防。一个人在脑海中预演，无须找人配合，也找不到人配合。芳禾、潘老师、小潘在达州都是有家的，就江珊住在隔壁房间。

法官开庭时必定先要解决管辖权的问题，与她争辩吗？没有必要冒犯她！不争辩，当事人会不会认为律师表现不力？折中吧，不争辩，但得想个法子保留当事人的权利。如果我们输了，上诉，保留管辖权异议无疑也是一个上诉理由。这其实对当事人更好，而不是非得与法官较劲不可。法庭上需要温婉有力。

是的，温婉有力。多年的执业经历早已让我意识到，每一个案件都是意志的较量，案件的输赢取决于你能否不断地给出应对方案，或进或退，这是一场智力、知识、社会经验、财力以及能承受不断撕扯而不崩溃的综合较量，全部集中在一个东西中：意志！当事人及律师全部为之努力的，就是力争这种意志之自由，使之成为“自由意志”。而自由意志，这个法律中最神秘之物，恰如孔老夫子所言“祭神如身在”之“神”，你得去“祭”，否则它就不存在。法庭毕竟不是战场，咄咄逼人会喧宾夺主，遮蔽你理性的光芒，反倒让人感觉你道理乏力，道理得靠它自己的力量俘获人心，意志是底色、底气，铺路而已。

对方会出示哪些证据呢？有没有致命武器？这必须提前有意识地认真琢磨，以防到时措手不及。以前每次协商赔偿的会议，对方都是有会议记录的，潘老师只拿到了一份会议记录的复印件，那上面除说到K县建设局局长曾提出过20%的赔偿建议外，全是对我们不利的东西。芳禾曾转告D律师的建议，让我们最好向法庭提交该会议记录的复印件，被我否定了。他们会拿出多少对我们不利的证据呢？之所以安排潘老师代理总公司，就是想让他坐在我旁边，以应付不测，应付那些我尚不知道的情况，毕竟他是最知情的人。江珊和我一起代理分公司，她是分公司员工，劳动合同、社保都在分公司，以防对方提出异议。

代理人的问题，我们家是有过深刻教训的。夫人被一家跨国公司派任中国西部公司的法总兼董事会秘书，上次该公司被其中国方股东起诉，本着为股东们节省一笔律师费的原则——那可是以美金计算的，夫人决定亲自出庭，没想到开庭即遭遇对方律师的异议：你虽然是西部公司的法总和董秘，但劳动关系和社保都在上海，所以不具备代理人资格。夫人惊讶，反问对方：我这样做不也在给你们节省费用吗？对方律师解释，提异议是他们的规定动作，否则律师涉嫌不尽力。法官仔细研究了司法解释，最后认定异议成立，夫人不得不另聘律师。这次我不能再让江珊面临同样的困局。[13]

证据目录及证明内容，以及代理词，早已发到群里。江珊看得很仔细，连可能的笔误都给指出来了。石老师，“意思自治”的“治”有无笔误，是不是“制度”的“制”呢？小段替我在群里回答了这个问题，这个不是笔误，是“治理”的“治”，非“制度”的“制”，还附了资料截图。万事俱备，只欠东风了。不，还得写本备忘录。

大案、要案，我都会写备忘录的，有时备忘录长达数百页，附件居多。这次不同，案件虽小，却太过复杂。当我感受到这种复杂，要求自己也写备忘录时，内在的一种声音告诉我，你应该把备忘录写成故事，它会告诉你很多事情，就像色诺芬写《长征记》一样。此案也许历时三五年，岂非长征？于是，在收到委托代理合同次日，看着阳台上那株正在悄悄生长的夜来香，我动起笔来，本备忘录也开始随之生长。

来回踱步，冥思苦想，身心俱疲，倒头就睡。梦中清晰的，是那个生活在两千多年前、因时空阻隔而不能与之相见的色诺芬，还有德尔菲神庙。在起航去波斯长征之前，色诺芬曾找他的老师苏格拉底商量此行，苏格拉底建议他去德尔菲求神指点。色诺芬去了德尔菲，阿波罗神通过女巫之口告诉他应该供奉的神明。回后，他就遭到苏格拉底谴责：你怎么不先问问你该不该去，而是自己决定要去，然后问怎样去最好？似醒非醒中，我仿佛能看见色诺芬受到老师指责时的委屈模样，而自己的情况却与之相似：这个案件自己是必须做的，职业宿命，无须问该与不该；只是怎样做……

翌日上午九点起床，打开门窗，通透空气。开始在电脑笔记本上写备忘录，手写答辩要点。手写，是要保持临场口语的生动，不能让答辩像念诉状那么机械。写毕，抬头一看，江珊已然站在身边，微笑着说："石老师，我们该去K县了，小潘的车子在下面等着呢。"

第六章

法庭角逐，咬文嚼字

一

“全体起立！报告审判长，法庭已准备就绪，请开庭。”在法官通道门外稍站片刻，当Y法官步履轻盈地带着两名人高马大的陪审员走向审判台时，书记员立即招呼大家起立，报告。显然，K县法院非常重视本案，肯定要全程录音录像，所以格外严肃。

宣布开庭，宣布法庭纪律，告知权利义务，核实各方出庭人员。不出所料，Y法官首先要解决的就是管辖权问题。她描述了事情经过，收到了管辖权异议书，她们曾到达州市司法局核实，达州市司法局出具了书面说明，达州仲裁委员会没有成立。事情既然如此，你们最好撤回管辖权异议吧，Y法官征求我们的意见。

不能撤回，但也不能生硬拒绝。理由早已准备好了，公司总部已经给达州市政府去了函，询问达州仲裁委员是否成立，如果没有成立，近期有无成立的可能？达州市政府给公司总部回了电话，说已经安排达州市司法局给我们回复。公司总部在等回复，只有收到回复后才能决定是否撤回管辖权异议。

我把公司总部致达州市政府的函提交给了法庭。

“等他们回复，可能几年都下不来呢！”看过公司总部的函后，Y法官说，我当作没听见，不回应，也没法回应。

这件事还得感谢江珊。她在网上查到达州市政府办公室的电话，但快递员投递时怎么打电话都没人接听，问我怎么办，我说交给门卫吧，门卫不收，那就退回吧，我们再想办法。碰到这种情况，我从不为难当事人的工作人员，她尽力了。几天后，江珊给我打电话，高兴地说，石老师，达州市政府已签收了函件。怎么签收的，不是电话都没人接吗？我叫快递小哥不要着急，我们不急的，没事就打电话，不断投递，总有一天会有人接电话的。真是冰雪聪明而做事坚韧的女子，突然一下子，我对她刮目相看。

送达的事，看似小事，其实不然，其难度之大，有甚于证明“我妈是我妈”。毕竟，我最后肯定能证明“我妈就是我妈”，但是若对方不收件，不签收，或收件后拒不承认，你无论如何都无法证明已经送达了。既已送达，则事实固化，我在法庭上的底气自然增加。预料之外的是，达州市政府高风亮节回了电话，回话经我在法庭上一转述，一种无形的力量似乎也随之来到法庭。是的，政府的回复可能几年都下不来，法官说的可能是真的，但那又怎样，未来的事情谁又能断定呢?

达州仲裁委员会尚不存在，按规定，双方可以重新协商仲裁委员会。Y法官看着我说，石律师，你们在法庭上协商一下吧。

二

重新协商选择仲裁委员会，说服对方的理由早已准备好了。

一、签约时，选择仲裁，是双方的真实意思表示，不能因为达州仲裁委员会尚未成立而否定双方的真实意思表示。

二、仲裁一裁终裁，短平快，效率高。

三、仲裁能够更加专业化，双方都可选择建筑法律专家审理本案。

四、裁决书不公开，对双方都有利。

五、当事人可以采取一种保障措施，来促进裁决的公正，即可以要求仲裁委员会先将裁决书初稿发送给当事人，由当事人提出书面意见，仲裁委员会在裁决书中修订回应，之后再发正式的裁决书。这个过程可以循环反复，直到双方当事人无异议为止。我在攀枝花仲裁委员会曾作为首席或独任仲裁员审理过几百桩建筑、房地产纠纷，就是这么做的，效果还不错。

我们争辩的习惯是，你能把对方说得哑口无言，你就赢了，对方也会心服口服，至少口服。就判决书来说，常常无法满足形形色色的个体的心理需求，除非当事人赢了官司，否则他是不会心服口服的。记得在我自己审理的一桩施工合同纠纷中，业主认为施工单位改动示范合同文本是一种篡改，“是对国家权力机构的一种挑衅”。我在裁决书中回应道：“本委认为，示范文本既为示范，则是可以变更的……”，否则“示范”就成“强制”了！你得对当事各方所有的异议都做出回应，最好能以一句妙语快速平息当事人的情绪。否则，那些情绪会像细菌一样在我们那如泡菜坛子般的脑袋中疯狂生长，久之，整个社会将弥漫着一种酸腐气息，当人们打开泡菜坛子开口说话时，酸腐之气随即扑面而来。你经常会看到几个人坐在一起，互道衷肠，互诉不满，享受着自己精心腌制的泡菜美味，于是，一审、二审、再审之后，信访的漫漫长路就开始了。

思维瞬间飘移了，得回归法庭正题。重新协商，可以拿出来说的理由很多，当我说出第一点理由后，对方张律师马上回应，“管辖问题我们已经协商过很多次了，不再协商，除此之外都可以协商。”

“张律师，据我所知，双方曾就赔偿问题协商过很多次，但就是没有协商过管辖问题。既然双方的本意是要仲裁，达州仲裁委员会不存在，还有成都仲裁委员会，如果觉得成都仲裁委员会不行，也可以考虑中国国际经济贸易仲裁委员会嘛，他们也审理国内仲裁案件。仲裁一裁终裁，短平快，非要诉讼，一审、二审、再审，最后案件可能都到最高人民法院了，费时费力，不值得啊！”我回应时，一同说出了第二个理由。

还有三个理由，说不说呢？第三个理由，仲裁确实可以更加专业，但说了难道Y法官不会误解：含沙射影说我不专业，啥意思？第四个理由，裁决书不公开，而判决书是要上网的。孟总一直非常担心，如果我们输了官司，判决书上网会让公司总部难堪，输了的判决挂在网上，影响声誉，影响市场啊。石老师，怎么避免这个呢？

算了，不说了。这些理由本来就利弊参半，在对方已经斩钉截铁地表示不愿意协商时，多说无益。

三

重新协商仲裁不成，Y法官说审判庭要合议一下，休庭十分钟，遂与两名陪审员走出法庭。

法庭上一时轻松、平静。似乎要打破沉默，对方张律师聊起一个话题：“哎，石律师，郭律师今天怎么没来呢？他给我打过电话，说看双方能不能协商解决，我说当然可以了。”

“哦，张律师，我们觉得还是先开庭好，开庭后再协商吧。协商时，郭律师会出面的。庭审嘛，我来就够了。”郭云峰律师未参与本案，不能说真话啊！也不能说谎！真与假是一条线，一维空间而已，仅方向不同，我最好能在二维、三维甚至四维空间回答问题，如果对方真的需要律师出面协商，让芳禾再去找云峰吧。

一会儿后，合议庭返回。Y法官仔细陈述了本案有关管辖权问题的事实和理由，宣布了本庭有管辖权的决定。播音腔！审判席桌面较高，且前有挡板，看不清法官是在念稿子还是临场表述，但一听即知的播音腔，十有八九是在念事先已经写好的稿子——这是否涉嫌未经合议而先做决定，相当于未审先判？当然，你可以说我这是在吹毛求疵，只要合议决定与法官原来的想法是一致的，使用已经写好的文稿也没什么大不了的。是的，你确实可以这么说，但我完全可以想象，当两位陪审员对法官的意见犹豫不决时，法官有影响陪审员决策的能力。

不过，这都是人之常情，事之常理，也不必大惊小怪了。

逻辑是这样的：仲裁是主管问题，不属于民事诉讼法规定的管辖问题，后者只是法院之间的事，因此，法庭对管辖权异议可以不下裁定。既然达州仲裁委员会不存在，且双方重新协商仲裁不成，则双方有关仲裁的约定无效。因此，法庭对本案有管辖权，庭审时当庭宣布记录在案即可。

等会儿一定要对庭审笔录拍照，我暗下决心。这个决定，实质上是裁定，不因其自称不是裁定就不是裁定，我们是可以上诉的。是羊头还是狗肉，由二审法院去评判吧。

之后，Y法官看着我："被告一，你们有没有异议？"

好尖锐的提问！

回答有异议，就直接与法官杠上了。回答没有异议，怎么可能没有异议？异议大着呢！

仲裁是主管问题，不属于民事诉讼法规定的管辖问题，狭义地看，似乎没错。但是，广义地看，主管与管辖有何区别？仅用词不同而已。如果因为管辖权异议不成立，就视之为不是管辖权异议（主管异议）？美国在建国之初，不将黑人视为人，因此他们没有选举权。《独立宣言》承认人人"生而平等"（All men are created equal），但黑人没有选举权，妇女只有一半的选举权，怎么解决这个说一套与做一套的矛盾呢？答案是，黑人不是人，妇女算半个人。把仲裁问题当作主管而非管辖问题，拒绝下裁定，无意中是不是把仲裁比作上述中的黑人了？

“主管”一词，到底是什么含义呢？——主要管理，还是主动管理？当它与一个机构联系在一起时，印象中该词总是随着“行政主管部门”“行政主管机关”出现，总之与行政挂钩。对了，该词应该只用于行政，司法是被动的，行政才是主动的，主管应是主动管理的意思。要说它是主要管理、负主要责任管理也行，可是，你听说过“主管部门”，你可曾听说过“次管部门”或“辅管部门”？况且，没有主动管理，哪来的主要管理？[14]

法律精神……对，法律思维！把黑人不当人，把法院和仲裁委员会当行政机关归于主管部门，这或多或少反映了法律思维有意无意的缺失。程序高于实体，这是现代法律的基本理念。在实体上，我们可以认为A不是A，故不必适用相应的规定，但是在程序上，我们不能这么做，否则，一切良好的法律规定都将被化解。事物自称是A，在程序上，法律就应把它当作A，在实体上，它可以不是A而只是B，但那是法律实体审查后的结果。

有关仲裁的异议自称为管辖权异议，法院就应该如此视之，裁定成立或驳回。实践中，大多数法院也是这么做的。极端言之，如果我仅仅因为看A法院院长不顺眼而提起管辖权异议，要求由B法院审理，法院也应该如此视之，可裁定驳回，让当事人上诉。你会说，这不是对好人不利、让坏人得逞，可以拖延诉讼了吗？是的，从程序上讲，“坏人”有这种自由！你也可以有，你不屑于有是另外一回事。但是，如果我不能做“坏人”，我做个“好人”又有什么意思呢？好坏是相生相克的。

思维中的一番慷慨激昂，内心中的欲说还休，被Y法官等待的眼神打断。她已经看我两次，我不得不回答那个十分尖锐的问题了。大家都在等着呢。

“我们对本次开庭没有异议。”我顾左右而言他。

“不是问你对本次开庭有没有异议呢！”Y法官面带微笑提示说。

“按公司总部的意思，我们得等到达州市司法局给我们书面回复后，才能表达有关管辖权的意见。”我回答说。我曾嘱咐过江珊，我们每一种可能的做法你都应该汇报给公司总部，一则让公司总部知情，再则当我们以公司总部说事时，不至于被认为是扯皮、说谎。纵然是白色谎言，或者天知地知你知我知的谎言，律师最好都要避免。

感谢江珊，是她给了我很好的理由，让我没有把思维战场中发生的一切带到现实中来。律师在法庭上与对方短兵相接是合情合理的，但与法官缠斗却是大忌。

好在Y法官适可而止，没有继续纠问。

四

管辖权异议解决后，进入法庭调查。

对方张律师慢吞吞地念着诉状，好像努力要做到义正词严。他还解释了诉状中不知所云但无关紧要的几个字，说是打字时的笔误，本是这几个字，现特此校正。张律师年近六旬，近视严重，摘下眼镜后，拿起诉状凑到眼前不足十厘米处，拼命看。事后，江珊说，整个庭审期间，她都在关注张律师看资料的样子，靠得那么近，真担心他看不清字。

我的答辩很简单，以自己长期惯用的语言开头，“本律师代为被告一答辩如下”，之后也是习惯性的一二三：1.本案工程质量事故，设计配筋不足确实是主要原因，施工工艺和温差效应是次要原因。2.若设计配筋足够，工程造价会增加427.3万元，加固费用应扣减这笔费用，才是业主的损失；同理，应扣减施工工艺和温差效应造成的损失，才是设计失误造成的损失。3.按设计合同约定，设计人只赔偿设计失误造成损失的10%，这个数额不会超过30万元，而设计人已赔付140万元，已然超付。最后，请法庭驳回原告的诉讼请求。完毕。

答辩完毕，Y法官问有没有书面的答辩状，好让书记员准确记录。我说没有。答辩要点还是今天早上在江珊的悄然注视下才写出来的呢。为了避免朗诵腔，增加现场感染力，我的习惯做法是，最好别写答辩状，临近开庭时整理一下思维，手写三个答辩要点即可，最好就三个，多了法官记不住的，只会记在纸上。而朗诵腔，不免带有表演成分，可一个人要想扮演好自己，特别困难。

被告二是总公司，潘老师代理，答辩意见仅一句话，同意被告一的意见。哪一个环节该怎么说，我事前已给潘老师做了交代。被告三是审图机构，原系公司，已被注销，现由其主管部门达州市住建局作为被诉主体应诉，代理人蒲律师的答辩要点是：审图机构的主管部门不是达州市住建局，而是达州市建筑业协会，达州市住建局作为被诉主体不适格，且案发这么多年了，诉讼时效已过。

趁被告三细说审图机构的历史沿革时，我环视了一下法庭。

审判台上，Y法官和两名陪审员高高端坐，Y法官在做记录，两名陪审员听得特认真。我在答辩第一个要点时，就感觉他们为之一震，咦，这律师爽快，原以为他要百般推脱！或许应当加强陪审制。合议庭必须有三人，法官越来越不够用了。

原告席上，张律师俯身凑在桌上，盯着资料使劲看。有一人坐在他旁边，忘了法官是否核实过他的身份，估计是原告的一位老总，进入法庭时就戴着口罩，其他人都把口罩摘了，他这会儿也没摘下，一言不发。口罩上面半张脸，表情严肃，突然给我一种似曾相识的感觉……对了，二十多年前的那半张脸！那时我刚大学毕业分配到十九冶，被派驻云南工地。走之前，做了一个梦。梦中，深夜时分，一个我觉得应该是我的人独自漫游在湖畔，湖中有一人在叫他，转头一看，只见半张脸漂浮在湖面上空的薄雾中，似乎想要说什么。几天后，我到汽车站乘车去大理，不料车已发，自己记错时间晚到了半小时，无奈改乘车，先去青华洞，再至大理。上车，坐最后一排，似有人在瞅我，抬头一看，见车前正中反光镜中司机的半张脸正在盯着我，顿感惊悚，恐将发生什么。车至中途，见前面去大理的车被滑坡击中，车上已空无一人，不知伤亡，遂一身冷汗。——现在又见这似曾相识的半张脸，不免警觉。神秘而关键的人物！

旁听席上，空空荡荡，挫伤了我在庭审中想要表演的欲望。幸好有一个人，张林，我的学生。入住成都这几年，张林每年都会开车到芥知馆给我送一箱水果。他年纪轻轻，已经自己开了一个公司，专门做项目前期可行性研究。每到水果季节，他车子的后备箱都会装满水果，专程开车送给那些对他拓展市场有帮助的人，当然，也送给我这个对他拓展市场毫无帮助的老师。前天他到芥知馆给我送樱桃时，顺便问我有无案件开庭，他想旁听学习，我说K县案件马上要开庭了，那是个谜案，值得一听。好，他老婆还是K县人呢，于是说来就来。子曰：“赐也，始可与言《诗》已矣！告诸往而知来者。”他大概才是真正的子贡吧，旁听本案而知未来。

被告席上，在我左手边坐着两个人。达州市住建局的代理人蒲律师，正在答辩。还有潘老师，已经答辩完毕。

右边是江珊，这是她一生中第一次参加庭审，不知她有何感想？

五

答辩完毕，举证质证开始。

原告的证据颇多，证明重点有四：本案没过诉讼时效，K县政府高度重视此案，事故责任在设计方，以及损失有关情况。庆幸没有对我们不利的会议记录。业主尚有300多万元的工程余款未支付给施工单位，其中加固工程余款约128万元。闻知此点，我心中窃喜，不出意外，施工单位这300多万元拿不走了。

书记员递过原告证据原件后，我一边翻看，一边让江珊对证据拍照。本来，对方应该给我们准备一套证据复印件的，但对方并没这样做，只好自力更生。好在有江珊在。

我的质证意见集中在以下两点：

1. 从第一次鉴定报告看，事故责任不全在于设计，施工工艺也是原因。我逐字读出鉴定报告相关内容，指出其中所述钢筋间距局部偏大、钢筋保护层厚度局部偏大，实则是全部偏大，因为现场勘测是抽样勘测，样本足以代表整体，所以才有鉴定结论“主要原因为其原设计实际配筋不满足其设计条件，造成裂缝”。在此，“设计”与“实际”并列，表明两者都有责任。当然，这是主要原因，次要原因根据上下文，应是钢筋保护层厚度局部偏大。

2. 加固费用762.5997万元，这么精确的数字，与原告提供的财评价格和施工合同补充协议约定的加固工程价款是一模一样的，那么问题来了：补充协议约定的并不是固定总价，故加固工程应随整个工程按主合同约定的程序进行结算——本案中的加固工程结算了吗？

时效，提不提呢？孟总曾提醒过我，公司总部说看能不能以时效抗辩，毕竟事情已经过去有些年头了。我回答不宜为之，本案时效没有问题，以此抗辩，徒增笑尔。现在，结算未定，时效应当从结算形成之日起算吧，再以之抗辩，自相矛盾、南辕北辙了。

达州市住建局的质证意见，一句话，与他们无关。

终于轮到我举证了。《证据目录与证明内容》是写好了的。证据不多，就三份，每一份的证明内容我都写得像一篇短文似的，以方便阅读和记录。但是，最好别照着念，书面语与口语是有区别的，想想文章写得特别好但口吃几乎不能言的韩非子就知道。

第一份证据是本案设计合同（GF-2000-0209），拟证明设计人对损失的赔偿限于实际损失的10%。第二份证据是《建设工程设计合同示范文本（房屋建筑工程）》（GF-2015-0209），拟证明所谓“补救措施”特指技术补救措施，不包含费用承担。第三份证据是第二次鉴定报告，拟证明设计失误是且仅是事故的主要原因，还有次要原因，加固费用应扣减相关费用后，才是设计失误造成的损失。

我特别说明了鉴定报告的来历。公司总部要求在管辖权异议期间，一定要弄清楚事故原因和损失大小。目前鉴定还没做完，因为赶着开庭，我们要求鉴定机构先出具鉴定报告正文，我们也是昨天才拿到正文文本的。报告附件，也就是恢复原设计应增加造价的工程预算，还在进行之中。我也特别强调本次鉴定意见与第一次鉴定意见是一样的，只是结合设计做了更加详细的解释说明。

鉴定开始时，我曾特意叮嘱蔡老师，把第一次鉴定报告当作本次鉴定的依据之一，不要否认它，不要说任何不是，那样会把问题弄得异常复杂，很难收场。蔡老师当然乐意如此，同行之间，不论是否认识，彼此总得留点情面，如果非要挑毛病的话，一挑就是一大堆，大家都还要在行业里面混呢。当然，这个我不能在法庭上说。我们之所以坚持管辖权异议，一个重要的原因是为我们自行委托鉴定提供名正言顺的理由，否则，对方和法官可能都会置疑：你们为什么不申请司法鉴定？申请法院委托司法鉴定，与自行委托鉴定，鉴定费用有云泥之别，且鉴定机构一旦被赋予权力色彩后，事情就变样了，他们会端起样子，你很难凭专业沟通进行把控。这个我更不能在法庭上说。

原告对第三份证据不予认可，理由是这次鉴定没有通知他们，他们不知道；认为第二份证据是另一个合同文本，与本案无关。而我在举证时，曾高高举起《建设工程设计合同示范文本（房屋建筑工程）》（GF-2015-0209），强调“GF”是“国家规范”的拼音简写，与“GB”是“国家标准”的拼音简写一样，都是法律性文件；[15]在该文件中，“补救措施”一词出现过四次，第二次说因业主失误造成设计文件不合格，设计人也得采取补救措施，所以补救措施一词不可能包含费用承担。既然是法律性文件，能与本案无关吗？

争辩集中在第一份证据上。铿锵之声弥漫，法庭刹那间变成了角斗场。

六

设计合同第7.3款全文如下："设计人对设计资料及文件出现的遗漏或错误负责修改或补充。由于设计人员错误造成工程质量事故损失，设计人除负责采取补救措施外，应免收直接受损失部分的设计费。损失严重的根据损失的程度和设计责任大小向发包人支付赔偿金，赔偿金由双方商定为实际损失的10%。"

对于该款，我在《证据目录及证明内容》中的论证要点是：我们只应赔偿因设计失误造成损失的10%，因为该款中的"补救措施"特指技术补救措施；理由是，如补救措施包含费用承担（赔偿损失），则与民事赔偿的"填平原则"相抵触，且补救措施指技术补救措施是行业惯例，规范是这么理解的，在本案工程的施工中，双方也是这么执行的。举证之中，我特别论证说：

"在第7.3款中，'除负责采取补救措施外'，'除……外'这种表述方式意味着合同前面对'采取补救措施'有约定，或法律对此有规定。本案合同前面对此并无约定（'补救措施'

一词仅在第7.3款出现过一次）。《建设工程质量管理条例》第二十四条规定：‘设计单位应当参与建设工程质量事故分析，并对因设计造成的质量事故，提出相应的技术处理方案。’所以，合同中的补救措施应指法律规定的‘技术处理方案’，即技术补救措施。”

阐述完证明内容后，我强调说：“请法庭注意，原告在诉状中差不多全文引用了设计合同的第7.3款，但就是遗漏了最后一句话，‘损失严重的，根据损失的程度和设计责任大小向发包人支付赔偿金，赔偿金由双方商定为实际损失的10%’……”

没等我说完，对方张律师抢话反驳：“这10%是对间接损失的补偿。”很明显，张律师已经意识到我似乎要暗指他误导法庭，在我对是否要暗指稍有犹豫时果断出击。张律师是个有风度的人，高度近视虽影响了他的举止，但没有影响他的风度，接着，他有礼有节地展开了论证：

“请注意，第7.3款有三个句号，所以是三句话。第一句话说设计人有义务修改设计，第二句话说设计人对设计造成的质量事故损失，应采取补救措施，补救措施当然包含承担相应的费用，如果只是负责修改设计，第一句已经说了，没必要再重复。请注意，这句话结束后是个句号，表明与第三句话是两句话。第三句话，损失严重的，只赔10%，与第二句话无关，是独立的，针对的是间接损失，因为间接损失不好确定，所以才约定了一个计算方法。这些间接损失可多了，如逾期竣工产生资金利息，推迟生产导致利润损失……”

“我怎么看‘损失严重的’就是指第二句话说的损失呢？”咬文嚼字？不，张律师嚼的是一个句号。Y法官实在忍不住了，抢话说。

我也忍不住了。此刻，潘老师拽了拽我的衣袖，指着那份对我们十分不利的会议记录，低声说，石老师，对方律师就是这个人。在这份会议记录中，业主的法定代表人说K县建设局曾建议赔偿20%，意思是看大家能不能在这个比例上协商，但张律师咄咄逼人地说，补救措施已包含费用承担，设计单位理当赔偿全部损失，没有钱又不是你个人的事，你不是代表设计公司吗？碾压得潘老师不断地诉苦求情，差一点没说出家有八十岁的老母和嗷嗷待哺的婴儿。

Y法官的话音刚落，我忍不住立即抢话反驳：“张律师，如果不结合上下文、孤立地看第三句话，这句话都没有主语，没说谁赔偿谁，我们完全可以认为是你们应该赔偿我们10%！”

这句话当然是有主语的，主语是“赔偿金”，但谁赔偿谁，确实没说，即没说赔偿主体。好在是口语，不必学究式地区分主语和主体的区别，说没有主语，现场的人会听得更加明白。

我等待着张律师的反驳，为什么你们错了我们还得赔偿10%？答案早已准备好了：你们给的设计费太低，低于成本，只是收费标准的四分之一，已经违反了设计费用不得低于收费标准80%的规定，追根溯源，这是造成本案设计失误最根本的原因，给设计人带来人力、物力和声誉方面的损失，你们不该赔偿我们吗？

没有反驳，张律师似乎意识到了什么。整个法庭一时静寂。

第七章

法庭对决，鹿死谁手

一

法庭上的片刻静寂之后，Y法官第一个清醒过来，请达州市住建局质证。达州市住建局还是老话，这些与他们无关。之后是达州市住建局举证，证明其不是审图机构的主管单位，达州市建筑业协会才是。张律师对此并不认同，他在网上查到的资料显示达州市住建局就是审图机构的主管单位。我们对达州市住建局的举证没有异议。

“张律师，网上下载的资料不是原件，现在被告三提供了原件，你仔细看下。”Y法官提醒张律师。张律师是个讲道理的人，举着证据靠近眼前瞅了又瞅，终于发话：“我们申请变更诉讼主体。”

“好，你们下去后提交一个书面申请吧。”Y法官说。

我的第一反应是本次开庭开不完了，已经准备好的代理词看来暂时用不上了。一旦原告申请变更主体，整个案件都得重来，庭审程序也得重新过一遍，否则对新参加的诉讼主体不公平。突然有一种白搭了的感觉暗袭心头。

写到本节，我得非常感谢上次开庭没有开完，得感谢张律师，正是因为写上一章时整理他的观点，我才意识到在自己的证明内容中有一个Bug（缺陷）。设计合同第7.3款第二句话中“除……外”这种表述方式，意味着合同前面对采取补救措施有约定，或法律对此有规定。这没错，因为该款前面对此并无约定，于是我认为应该是对法律规定的除外，这儿就有Bug了。事实上，这里的“除……外”应该是对该款第一句话的除外，第一句话说的是设计人负责修改设计错误，即第二句所言的“补救措施”，当然是技术补救措施了。看来，还没有提交的代理词应该修改了。

举证质证完毕，照惯例，法官得问一些问题。

“原告，被告一提交的鉴定报告，你们不认可，但这次的鉴定结论与上次的鉴定结论是一样的，只是说得更加明白一些，你们到底认不认可呢？还是认可哪些，不认可哪些？”Y法官问。

“等开庭完后我征求一下当事人的意见，提交书面意见吧。”张律师回答。

“好，你们需要几天时间？”

“三天吧。”

“好。我的第二个问题，我先问原告。你们在诉状上写明案由是建设工程设计合同纠纷，现在请你们明确一下案由。”Y法官问，话中暗藏玄机。

“建设工程设计合同纠纷！”张律师回答得很肯定，不容置疑。

“被告一、被告二，你们的意见呢，你们也认为案由是设计合同纠纷吗？”Y法官看着我问。目光相接之际，仿佛是那种期待心领神会的暗示：你们应该对案由提出异议！这位法官不可小觑，驾驭庭审，驾轻驭熟了，我暗想。

“原告诉状载明是设计合同纠纷，那就是设计合同纠纷吧。”我生硬地回答。这是违心的话，对不起了，Y法官，我不能心领神会。我也巴不得原告变更案由，提起侵权之诉，把施工单位追加为被告，好分担责任。但是，我不能这么去做，芳禾有顾忌，他不能得罪任何人，不管是项目业主、施工单位还是审图机构，他都不能得罪，他还要在达州混呢。而开庭完毕，只需一夜，一阵风就会把庭审情况吹遍整个K县县城，芳禾一觉醒来便会接听到无数指摘的电话，“朱老大”的风范将丢失殆尽。

“被告三，你们的意见呢？”Y法官继续问。

“诉状中写的是设计合同纠纷，但合同是相对的，原告起诉审图机构错误，他们两者之间的法律关系不是设计合同关系。”蒲律师回答，点到为止，意思却很明白，设计合同纠纷，与审图机构有何关系？除非将本案变为侵权纠纷。

感谢蒲律师，他指出了问题所在，既做了抗辩，也给出了一种提示。原告张律师会怎样应对呢？

二

“好。第三个问题，请原告和被告回答，工程裂缝是什么时间产生的？”Y法官问。

张律师说是在施工完工后，潘老师说是在主体完工后，不尽一致。我补充说，按第一次鉴定报告所载，是在主体结构终凝即主体结构完工28天后；并解释说，混凝土终凝需要28天，未终凝，有塑性，不会开裂的。这个问题可能无关紧要，也可能意义攸关——施工单位若已经发现裂缝或应该发现裂缝还继续施工，由此导致损失加增，算谁的责任呢，业主还是施工单位？到底是无关紧要还是意义攸关，看后续发展吧。

“好。第四个问题，工程是什么时间竣工验收的？”Y法官问。

这个问题简单，本该由原告举证说明的，至少有利于证明时效问题，以对抗审图机构的抗辩。但原告没有提交竣工验收报告，我们也没有提交，我们不提交的理由与原告应该提交的理由恰好相对。不过，这会儿可以提交了，加固工程不是还没有结算吗？我们当即向法庭补交了竣工验收报告。竣工验收时间为2020年8月13日。

“第五个问题，请被告一、被告二回答，如果原告与施工单位对加固工程办理了结算，你们认不认呢？”Y法官问。

“依法办理的结算，我们当然认了。”我回答，近乎套话。

“好。请问原告，你们什么时间能提交加固工程的结算，三天时间够吗？”

“三天不够。这不比对鉴定报告提意见，需要更多的时间。”张律师回答。

“你们需要几天？”Y法官追问。

“七天吧！”张律师回答。

三天不够，我以为张律师会回答需要三个月。如果已经办理了结算，只是未提交，一天足矣；若未办理结算，三个月不多，三年都有可能。原告是国有单位，其与施工单位之间的结算，一般而言，得经过审计，而审计的时间，就有可能遥遥无期了。审计机构太忙，项目得排队。张律师应该是不太了解建筑工程，对结算时间没概念。

“第六个问题，请问原告，你们再次确认一下本案案由是合同纠纷还是侵权纠纷？”Y法官问，提醒之意，呼之欲出。

“既是合同纠纷，也是侵权纠纷。”张律师回答，想脚踩两只船。

“按法律规定，这两者是法条竞合，你们只能选择其中一个，不能都选。”Y法官依法提示。

张律师沉思片刻，果断回答：“我们选择侵权纠纷！”

“那你们追加被告不？”Y法官再问。

“我们要追加施工单位、监理单位。”张律师下定了决心。

“张律师，还有勘察单位呢。”我插话对张律师说。

“与勘察单位无关，他们在设计之前，怪不得他们。”张律师回答，是非分明。

“被告一、被告二、被告三，你们对此有什么意见？”Y法官将目光转向被告席。

“原告在诉状中已经做了选择，还能再选择吗？”我回答，想用些无关痛痒的话回避问题。有些事情，得有耐心，静候其自然发生，当一个旁观者也许更好。潘老师自然回答同意被告一的意见。

“原告如选择侵权纠纷，则应撤回起诉，重新起诉。”蒲律师回答。

这是对的，按司法解释的规定，原告应该在开庭前变更选择。[16]如果原告随时可以变更选择，一会儿违约之诉，一会儿侵权之诉，案件还怎么审理？不过，我倒真心希望原告追加被告，而不是撤诉重来。撤诉重来，在已知达州仲裁委员会不存在的情况下，我们还能厚着脸皮再申请管辖权异议吗？不可能了，那是没事找事，极其无趣，而且，孟总、芳禾和潘老师都是要脸面的人呢。如此一来，本案就没有程序上的瑕疵了，达摩克利斯剑不再悬挂着，已经入鞘，若我们输了，则少了一个上诉的理由。

三

宣布休庭。笔录签字。我趁机说，“张律师，你看，已经第一次开庭了，双方考虑一下看能否协商解决呢？”

“石律师，可以协商呀，你们把加固费用赔完，间接损失我们不要了。”张律师笑着说。

“那不叫协商，你们本来就没有主张间接损失。以前调解时，K县建设局曾提出20%的建议，我觉得这个比例是适中的，双方可以再考虑一下嘛。”

“那怎么可能呢？”张律师婉拒。

20%，这个比例是一定要说出口的。因为没有进行到法庭辩论阶段，庭审中一直没有找到机会说。说给谁听？Y法官、两名陪审员还没离开审判席，说给他们听。D律师和芳禾主张要将那份对我们十分不利的会议记录作为证据提交法庭时，我不同意，但承诺一定会在法庭上找个机会把20%这个比例说出来。

张律师签完字先走了，从我旁边经过时，非常客气地说，石律师，我先走了，欢迎你们省城律师下来指导工作哈。老律师的雅量，让人敬佩。轮到我签字时，正好Y法官出去后回来收拾东西，我问她我们可以对笔录拍照不？最好别拍，Y法官说。庭审笔录不是都可以复印或拍照吗？我坚持。石律师，主要是开庭还没有开完，开完了你们再拍照吧。好吧！本不该问，直接叫江珊拍照即可。但必须问，想看Y法官怎么回答。这一问一答，彼此心照不宣，知道对方想做什么。

书记员站在我面前，等着签字。“嗯，这句话有一点出入，我修改一下。”我说。“我来改吧，”书记员看了看笔录，胸脯一挺，似有委屈，“好像也无所谓吧。”再看，真的无所谓，一次庭审笔录几十页，书记员这么快速记下来，难能可贵了，但书记员还是坚持做了修改。不看了，直接签字，会越看越烦的，越琢磨越觉得有问题。所有的笔录都这样，书记员不是录音机，她在记录时是在用她自己的语言重新表述，怎么可能与你说的一模一样呢？何况，你自己能够准确地记录自己说的话吗？不看了，直接签字，反正有录音录像。

签完字，正值Y法官收拾好东西出门。我得做点什么。

“Y法官，”我走过去叫住她，“本案能得到公正审判吗？就我们所知，政府已经介入此案，我们公司总部非常担心这个，所以才希望仲裁。”我这么说，是想为自己在庭审中未配合撤回管辖权异议做个说明，不想让她觉得我在为难她，当然，也想顺便套套她的口气，拉近一点距离。

面对面的距离，一米之内，对方对你说话的态度以及言语本身，似乎能预示事情的走向。而电话，微信、短信，哪怕是视频，都不会有这种效果的。每次开完庭，我都会在法庭上寻找这样一个机会，仿佛卜卦预占。

“肯定会得到公正审判。石律师，我还年轻呢，我得想着自己的前途呢！”Y法官笑着回答，略有几分拘谨。

似曾相识的语言，在哪儿听过？想起来了，第一次与D律师见面讨论案件时，我自己曾这样评价过这位当时尚未谋面的法官，之后D律师画起了思维导图：法官，审判委员会，一个人的名字……

四

回达州前，芳禾安排在茶楼坐坐，与D律师交流一下。江珊急着要返回成都，她先走，去达州赶最后一趟动车。“江珊，最好你也在，参加讨论，回去后好向孟总汇报，明天我们一起回吧”，我劝江珊。“石老师，明天一大早街办找公司有事，非得我出面不可，案件的事，改天我到你那儿去听你仔细讲，你那个图书馆真好。”之后，小潘开车送江珊先坐动车返回达州。

在D律师来之前，我向芳禾说起原告那位在庭审中一直戴着口罩、一言不发的代理人，预感此人对庭审的感觉将决定整个案件的走势。“他很关键，打电话问一下他的身份，看是不是法定代表人。”我对芳禾说。芳禾打了几个电话，竟未能确认其身份。

D律师来了，握了握手，笑着说，“石律师，今天开庭效果不错，后半场我都在下面旁听呢。”“旁听？D律师，我怎么没注意到你？”“你太专注在庭审中了。”

“D律师，原告要追加施工单位，你看，这与我们没有关系吧。”芳禾小心翼翼地解释。开完庭后，他已经接到了很多电话。

“案件从违约之诉变成侵权之诉，这个我与石律师已经讨论过，是必然的。变成侵权之诉，施工单位被追加成被告，也是必然的。石律师在法庭上表示不同意变成侵权之诉，你们对得起施工单位了。”D律师阐述道，想要芳禾放心。

讨论了一会儿开庭情况、案件走势。设计、审图、施工和监理，好像天下三分，格局已定，此刻是隆中对。

“石律师，侵权之诉比违约之诉复杂，你好好研究下。最高明的律师其实就是要让法官按你的思路好办案。现在看来，缩小馍馍是最基本的，对大家都有好处，按正常配筋，增加造价，这要从加固费用中减去，你们最好弄精确一点。”末了，D律师总结道。

最高明的律师其实就是要让法官按你的思路好办案，所言极是！你不得不佩服K县这个弹丸之地，仍是龙凤栖之。的确，没有高明而专业的诉讼方案，律师忍不住会在法庭上横扯，而任何一句横扯，都是论述上的鱼目混珠，徒增法官审案的难度而已。哪些是鱼目？哪些是珍珠？当法官不想辨别时，辨别不清时，只会觉得你在蹚浑水，打胡乱说。我附和D律师。

“打着维护当事人权益的旗帜打胡乱说，既当又立。”D律师的语言一向简洁。这让我忆起庭审中那个一闪而过的念头——合法的“坏人”，他能坏到哪一步呢？他大不了把青楼故事当作列女传讲给法官听，法官听得津津有味但就是不信。

K县，山间坝子，号称川东小平原，与川西那个稍大一点的平原——成都平原，在盆地的东西两边遥遥相望，仿佛参与商。县城边上，拔妙河旁，芳禾打算在自己老家的土地上弄一个院子，几亩地，建一个农庄，陪父母养猪、种菜、劈柴，养育三个小孩。没有大海，然而有群山，家有三孩，春暖花开。在回达州的路上，汽车盘旋在山间，暮色已降，万物静谧，芳禾一边开车，一边说着他的人生规划，还给我看了他的设计图，图中现代建筑元素和风水八卦的风情若隐若现。石老师，到时你来住几个月，读书，喝酒，我专门整了个酒窖。

五

到达州已经是晚上九点了。找了家夜间不打烊的餐馆，大厅就我们一桌，落座，饮酒，八卦。

除芳禾、潘老师、张林和我外，还有芳禾设计所的一名年轻设计员，姓甚名谁，一时忘了，贼瘦，熟悉建筑行业的一看就知道是画图过度所致，日夜画图，身体都会画变形的，很难胖起来。

芳禾的设计所就在餐馆旁边，我想去看看。教师情结，总想为自己教过的学生自豪。下次吧，石老师，这么晚了，黑灯瞎火的，现在喝酒吧，芳禾说。张林与芳禾相差十届，以师兄弟相称，而那个贼瘦的设计员的老婆与他们也是同学、校友的关系。总之，席间，每个人之间都找到了恰当的喝酒关系。

推杯换盏，酒兴正酣，吧台妹子走过来问还加不加菜，因为厨师要下班了。芳禾又加了一份蛙肚，我说没必要了，菜已经够了。青蛙的肚子，石老师，达州特色菜，你在其他地方吃不到的，难得来一次，尝尝。于是又上菜，斟酒。开庭之后的会饮，总是让我想起那句“醉卧沙场君莫笑”，我们需要适当的醉意来平衡极度的清醒，需要偶尔的失态来平衡平时的斯文。

酒神狄奥尼索斯与太阳神阿波罗是永恒的搭档，要不我们怎么需要夜间的睡眠来陪伴白昼的清醒？想想十万年前我们的老祖先，日出而作，日落而息，他们的睡眠大概每天十小时，而现代人的睡眠不足七小时，这之间有三个小时的差距。这三个小时，男人们在喝酒，女人们在做白日梦，以不亏欠老祖先十万年的遗传。亏欠太过，慧极早夭。唉，找了这么多喝酒的理由，好像有什么东西在阻止我喝酒似的。是的，得趁着未醉之际，还是要先讨论一下工作。于是我安排说：“芳禾、潘老师，回去后要催蔡老师把预算早点弄出来，现在可以不像以前那么急了，但也不可掉以轻心。另外，法庭上张律师说我们委托鉴定没有通知他们，我现在的想法是，等预算出来了，我们给他们去个函，把鉴定报告正文和附件都寄给他们，做到礼尚往来。我们也得主动出击了。”

“好的，石老师，都听你的，你怎么说我们就怎么做。喝酒，喝酒！”芳禾兴致正猛，已有醉意，似乎会同意你所说的任何东西。或许席间就不该讨论工作？或许应该讨论？这个问题，我从来都没有拿捏好，此生无解。

“石老师，你在法庭上不是给了他们一份鉴定报告了吗？”潘老师问，他还是清醒的，还保留着应有的谨慎。开庭后我没看到他流露出一丝喜色，想必案件带来的长期压抑已经使他失去了人生的悲喜感，想喝醉都不能。

“给他们的是复印件。原打算当庭给他们一份鉴定报告原件，但是，因为鉴定报告附件没有出来，给原件不好，不完整嘛。所以，这会儿我们才要讨论这事，要做个决定，回去后好开展工作。”我解释说。

决定很快形成。继续饮酒。芳禾不像以前那样颇多顾忌，犹豫不决。酒兴所致？开庭效果所致？不知。也许，酒间不适合讨论工作问题，只适合做决定。

江珊已回成都，这会儿该到家了。没有女性在场，段子自然就冒出来了。那个贼瘦的设计员说了几个段子，分量不够，没人笑。建筑界的段子水平也太实在了，俗。

芳禾这种粗糙但自觉不俗的人，说不来段子，酒劲迸发时，说起一桩往事。第一次鉴定时，他邀请鉴定单位的几位专家吃饭。半醉中，有位专家不断说起应将本案工程鉴定成危房，说得他心里发毛，猛地站起来，拍打桌子，大声吼道："施工都没完，谁敢把工程鉴定成危房？我要……"吓得带头的老专家立马打圆场，"朱总别激动，酒桌上的话不当真，不当真。""我要……喝死他！"芳禾端起酒杯转而说。那晚他特地与那位专家喝了满满三杯酒。

众人领情一笑，好段子，值得一乐。

六

回成都后的4个工作清单：

1.建筑专家肖总提出的问题，即鉴定单位执业范围的问题，得请鉴定机构弄一个说明，我先起草，蔡老师审核，以备用。开庭时对方虽不曾提出该问题，但该问题潜伏在那儿，随时可能蹦出来。

2.给项目业主去一封附鉴定报告原件的函，客气而有礼仪，兵不血刃。

3. 让芳禾、江珊帮忙催促蔡老师把预算弄完，定稿之前我一定要先看看，如有改动一定要事先告知，不能再像上次那样。蔡老师要拖只有一个理由，鉴定费用是否按约支付，这只有芳禾和江珊才能解决。

4. 深入研究违约之诉与侵权之诉的法理、法律适用的异同。

清单1、清单2我很快就解决了，并发到微信群里，让大家提意见。江珊看得最认真，马上就反馈了笔误。其他人潜水，不吱声，好像事情与他们无关，他们能旁观自己的事。

在给业主的函中，我特意写道，按规定，一般事故的损失为100万—1000万元，应上报至省住建厅，然而，“就我对公司的了解，本案工程质量事故，至今并未上报至四川省住建厅，这与事故损失不应该超过100万元、够不上一般事故（如前述762.6万元/1.5–427.3万元=81.1万元），是相互说明的。”这其中的1.5，指采用碳纤维加固较正常加固（增加构件截面尺寸），造价在1.5倍以上。1.5是保守的估计，我已做过多方核实，相信经得起检验。

清单3，芳禾照例安排了一次酒宴讨论，蔡老师必须到席。工作由我和蔡老师交接后，大家便开怀畅饮，八卦案件，形势一片大好。孟总破例，小酌一两。芳禾对我的工作高度肯定，因为K县那边不断传来消息，说律师得力。“石老师，不管那140万元能退回来多少，都是你的哈。”芳禾高举酒杯，招呼众人共饮，随即表态。“孟总，你听到的，上次芳禾也表态，说案件赢了，会我给我额外补偿的，你作证。”我随机接应。孟总点头说是。之后，芳禾与孟总聊起费用截留的问题，这家伙如张飞，粗中有细，孟总截留了他几百万元的设计费，以防案件输了无钱支付，现在是不是该放出来了？孟总不表态，有点为难。酒局刚才火热的鲜红带上了一丝无言的灰色。

我得打圆场。“孟总，芳禾，纯粹从法律的角度看，开庭前我们的胜算只有60%，现在应该能达到80%，没有100%啊。费用截留的问题，我的建议是，还是应该适当截留，不过可以根据形势增减。”协调当事人不同的想法和要求，也是律师的工作。当初孟总坚持要聘请我代理本案，江珊说，是孟总觉得我很专业，能理解他们各方的需求，这样在代理案件时，能自然地平衡协调。

清单4，违约之诉与侵权之诉的比较，这是纯学术问题，深不见底，如同深渊，无数专家学者在其中摸爬滚打呢。好在是个案，不是非得做普适性研究不可。期望得出一个归纳性的结论再以演绎的方法用于个案，是法学教授的思路，不是律师的思路，只适合解决书本中的案件，不适合实战。我将待研究的问题以及需要寻求的答案罗列如下：

（1）对于像本案这样的建筑纠纷，原告真有选择权吗？《合同法》规定，一方违约，另一方可以选择要求其承担违约责任或者侵权责任，已经生效的《民法典》也有相同的规定。[17]答：这纯粹是个法学问题，非法律问题（纵然法学上的结论是本案原告无选择权，我们在法律上也阻止不了原告选择的权利，除非通过立法改变法律的规定），一时厘定不清，暂且束之高阁，论而不议。

（2）如果原告选择侵权之诉，本案设计合同，尤其是其中的违约条款，是否还有效力？答：应该有效，否则任何合同都可能形同虚设，可有可无。而从法理上看，签约时，双方是在知道或应当知道自己有选择权的情况下约定违约条款的，双方也知道或应当知道自己签约所依据的法律不只是《合同法》，还有相关的法律法规（含《侵权责任法》），这意味着双方以后无论选择何种诉讼，均已对违约或侵权应承担的责任做了选择。当事人还能反悔再选择吗？

（3）如果原告选择侵权之诉，适用侵权法的相关规定无可非议，那么《合同法》中有哪些规定能适用，哪些规定不能适用呢？答：仅《合同法》中有关违约责任的规定以及相应的司法解释不再适用。

（4）本案属于无意思联络之共同侵权，还是分阶段各自侵权？答：设计、审图、施工+监理，是三个不同的阶段，其中，施工+监理是同时发生的，肯定是无意思联络之共同侵权，其他两者未必如此。

（5）如果本案是分阶段各自侵权，设计单位所造成的损失能否止于设计费，即设计失误给业主造成的损失仅仅就是设计费？答：本案中应该如此。

（6）本案中，设计人对楼面的设计满足规范的最低要求，仅屋盖设计不满足规范要求，故其侵权是否应仅限于屋面设计？答：应该如此。

真的应该如此？这其中有多少是代理人特定立场所产生的臆想？

第八章

协商未竟，驳回起诉

一

开庭后月余，周五的下午，一个电话从达州打来。女性的声音，说是K县法院的，自称姓Y，带着一丝川东口音。

“石律师，原告说他们加固工程的结算已经出来了，数额是7625997元。原告表示，因为施工工艺和温差效应，他们自行承担加固费用的10%，扣除你们鉴定报告中的427.3万元，剩下259万元，由你们承担。原告让我征求一下你们的意见，看你们愿意不？”Y法官在电话中说。

川东妹子？法官？这双重身份在我的脑海中不期然地交织着，好在不需要太多的思考，我习惯性地回答：“Y法官，我听清楚了，我向当事人报告一下这事，看他们怎么考虑，考虑好后我给您回电话。”

“你们好好考虑一下嘛，259万元，减去你们已经支付的140万元，就只剩下119万元了。”听得出来，Y法官的心情是愉悦的，原告诉请600多万元，现在降到百余万元，双方再彼此让让步，这官司就这么调解成功了，岂不皆大欢喜。

我马上在群里发布了这一重大消息，并给出自己的意见：（1）119万元是对方的要价，应该还有下浮的空间。（2）可以不调解，即使输了，法官的判决大概率不会超过119万元。（3）如果要调解，建议拖一拖，不要急于求成，这有利于双方都揉一揉，向中间靠拢。

无人回应。

我继续在群里发表意见：现在看来，259万元是业主承认的因设计失误造成的工程质量事故损失，按合同约定，我们只承担10%，即25.9万元；即使没有10%的约定，审图机构也应该分担部分损失。

仍然无人回应。我给潘老师打电话，潘老师说这119万元，看双方能不能各让一半，我们承担60万元。我给芳禾打电话，芳禾掐算了半天，说，石老师，我觉得20万元就差不多了。芳禾比潘老师精明，他应该留了很大的让步空间。

那么，该不该让步，该怎样让步呢？

于是，我继续在群里发表意见：762.5万元的20%是152.5万元，减去已经支付的140万元，即我们再拿出12.5万元。我建议如果协商，坚持这个数字比较好，理由是，以前K县建设局就是这么协调的，双方当时也有这么一种意向；如此坚持，既对得起以前支持过我们的人，也表示我们的意见一如既往，说明我们是一个有坚守、能担当的公司。

“赞同，这应该是可行的方案。”小潘在群里马上做出回应。他什么时间被拖到群里的？我忘了。他蜷缩在群里的一角，从不发言，这会儿应该是他第一次发言：“如果以259万元为基数，20%只有51.8万元，政府还要退还88.2万元。”一个掩面而笑的图片表情接踵而至。人心所向。

二

对方愿意协商，是好事！但太好的事情往往有诈。

119万元与我们能够接受的最坏的金额相差无几。记得第一次与孟总、芳禾和潘老师讨论案件时，我建议他们做好赔偿加固费用30%的准备，他们均对此较为认同，认为这比较切合建设行业的实际。按30%的比例，我们差不多还应赔偿100万元。担心芳禾为了省却麻烦——案件久拖不决会影响他在达州的设计市场，以他“朱老大”的方式一甩膀子就应允了对方的要价，也担心潘老师在与对方接洽的过程中不断抛出数字，把调解协商弄成菜市场中买小白菜式的讨价还价，我在群里发出警告：

“因施工工艺和温差效应的原因，业主同意承担加固费用的10%，这个10%是拍脑袋的，未必有人敢做出决定。所以，业主提出的调解方案，可能是在试探我们的底线。”

把调解拖延下来，能拖多久呢？拖得太久，Y法官那边不好交代，当事人心里也会发毛。至少要拖到蔡老师把鉴定报告附件做出来，我们向业主发出递送鉴定报告的函之后吧。在这封函里，我以当事人的名义，明确地要求业主在结算的过程中，把因施工工艺和温差效应引起的裂缝修补费用，单独罗列出来。这可能是加固费用的10%，也可能是20%，无论多少，业主不用拍脑袋，更有利于双方协商或法院判决。我们国有企业的领导们啊，他们担心一旦自己这会儿拍脑袋，过一阵子监察委就会来“拍”自己的脑袋。

拍脑袋有道理吗？某种程度上，这也是一种试错，是科学思维、科学精神，科学不就是在不断试错吗？有科学家说，科学的历史其实就是能者的错误史。前面不断有人试错，最后有人成功了，这最后一个人获得了成就、荣誉和光环，而前面的人湮没在历史的尘埃中。

市场需要试错，民营企业家能成功，皆因试错加运气所致，他们是一系列试错者中运气比较好的人。所以，试错不仅是一种科学精神，也是一种市场精神，一种企业家精神。非要通过结算的方式把因施工工艺和温差效应引起的裂缝修补费用单独计算出来，你可以说这是一种科学思维，但这其实是形而上的思维，因为这样做似乎是要达到科学的精确，而这是不可能的。现在，我就在要求项目业主做不可能做到的事——他们能够做出来，但绝无科学的精确；如果我们不认可，最终还得通过专业机构鉴定的包装，法律才会承认其效力。

以什么样的理由拖延呢？没有充分的理由，法官会不高兴的，所有的律师都知道这点。我不想看到法官生气的样子。

看看哈姆雷特是怎么说的，“谁甘心忍受……法庭的拖延”。我甘心忍受呀！“像我这种家伙，乱爬在天地之间，有什么事情好做呢？我们都是十足的流氓，一个也不要相信我们。”流氓就流氓吧！

三

原以为可以拖延一周，之后再给Y法官回电话，没想到第二周周一一大早，我还在蒙头大睡，电话铃声就响了。是Y法官。我立马从床上起来，来不及穿衣服，毕恭毕敬地站在床边，与Y法官一问一答。据说，你接打电话时是什么状态，电话那边的人一听就能听出来。

虽未睡醒，但对于Y法官的问题——你们考虑得怎样了，答案早就准备好了。“Y法官，我已经将此事报告给了分公司，分公司说要上报北京总部，至今还没给我回复。”

“分公司自己的意见呢，他们愿意承担多少？”Y法官问。

“加固费用的20%，即再承担12.5万元，这以前是经过总公司同意了的。但是如要再承担119万元，得由总公司决定。”

“12.5万元？你们不想调解了吗？”Y法官的语气明显有些生气了，毕竟，差距太大了。

“想调解呀，分公司不是在请示总部吗？”我一本正经地回答道。

“你们抓紧一点，行不行，下午给我回个话。”

一整个下午，江珊都在给Y法官打电话，座机，没人接。以总部说事，江珊去做是最好的了。我只给江珊强调一点，说公司总部要见到加固工程的结算，我们已经派潘老师与对方接洽，但Y法官你能不能让对方给我们复印一份呢？

我在打一个赌。Y法官告诉我加固工程的结算金额7625997元，这与补充协议约定的价款是一模一样的。为了谨慎，我还要求Y法官说慢点，我好记录在纸上。因此，我断定，加固工程的结算肯定还没有形成，原告可能在使诈，玩一点虚虚实实、实实虚虚的招数。

这是第二次打赌。第一次打赌，赌的是我们不出庭，法院会不会开庭？我们侥幸赢了。这次打赌，赌的不是原告是否使诈，而是加固工程的结算是否出来。使诈是我的恶意揣测，原告完全有可能就是要表示协商的诚意而已。使诈或诚意，此两者在一线之间：若我赌输了，我必定倾向于相信前者；若我赌赢了，我乐意相信后者。

我把打赌的消息发到群里。一段时间后，潘老师回复，据向对方办公室主任了解，原告的结算还没有出来。打赌胜利在望！我请江珊第二天上班一早继续给Y法官打电话。

次日早上九点以前，我还在睡意蒙眬中，电话又响了，又是Y法官。怎么她就那么着急呢？我得主动出击，“Y法官，昨天下午江珊给您打了一下午的电话，您接到了吗？”

“没有啊，昨天我开了一下午的会，没接到呢。”Y法官果然有些不好意思了，语气中露出了些许柔和。

“这样吧，Y法官，我让江珊马上给您打电话。”

一会儿后，江珊微信回复我，石老师，我给Y法官回电话了，按你那个说法回的，她说她懂了，她再给那边说下。

懂了？懂啥了？这是Y法官的措辞还是江珊在转述中自己的表达？

四

阳台上那株夜来香，正在阳光下疯狂生长，一节一节的。这种节，与竹节不一样，如果你不长期观察，是看不出来的。在它的丫枝上，每隔几厘米，会先长出一片叶，紧靠着叶的上面，会长出一根小的分枝，一枝一叶，叶有多大，枝就能长多长，反复如是，花从最细的丫枝中长出来，恰似火柴棍的一半。每到夜晚，火柴头展开，状如五角星，香气袭人，白天时间，火柴头合上，芳香收藏，似乎不胜阳光的娇羞。蚜虫很多，叶的背面，花的四周，会布满几乎透明的蚜虫幼崽。每天工作的间歇，我的任务就是捉虫，开始是一个一个地捉，后来蚜虫实在太多了，就用手指一捋，群虫皆灭，效率倍增。蚜虫繁殖也很疯狂，被其啃食过的叶子和花，枯萎蜷缩，其状堪怜。捉虫的任务是繁重的，不比那个在遥远星球上的小王子照顾玫瑰花轻松。

虫还没捉完，电话铃声响了起来。是Y法官。

“石律师，原告向法院写了一个申请，说因为加固工程的结算还没有出来，为了不使国有资金流失，申请驳回起诉。你们同意吗？”Y法官说明情况后，征求意见。

“他们可以申请撤诉呀，这样不是更加简单吗？”邪门！我径直反问。做了这么多年的律师，还是第一次碰到原告主动申请法院驳回起诉，诡异呀！法院将以什么样的理由驳回起诉呢？

“他们不是要避免国有资金流失吗？撤诉只退一半的受理费，驳回起诉可以全退。”Y法官回答，好像法院不是国家机关似的。

“好吧，我们没意见。”我直接回复。

“你们需不需要再开一次庭？”Y法官又问。

“Y法官，我们不需要再开庭了。”

“谢谢！”Y法官有些愉快地说，“也请征求一下你们公司总部的意见，是否同意，请给我回个话吧。”我想起了D律师的话，好律师是那种能让法官结合你的意见方便办案的人，能给Y法官提供办案方便，何乐而不为呢？她的谢谢，听得出来应该是发自内心的。

我马上在群里发布了这一重大消息，并特别说明对方是申请驳回起诉，不是驳回诉讼请求，请孟总、芳禾和潘老师考虑，再请江珊给总部汇报后回复Y法官，说没意见。

“价格协商不下来，对方是要等结算后重新起诉呀！”江珊在群里第一个做出反应。

“是的，是这样的，驳回起诉后，他们是可以再次起诉的。”

“驳回起诉就不交诉讼费了吗？”

“是的，诉讼费可以全退。”

这一问一答，感觉江珊这个学美术专业的女子，基本上是半个法律人了。在群里看着她那凡·高向日葵风格的头像，你不禁要问，美学与法律有关吗？有美感的人是否能更好地把握法律呢？

画中的向日葵，现实中的夜来香。或许，理解凡·高是掌握法律的一把钥匙，他曾画出我们头顶上的星空，如同夜来香在夜间时分的绽放。

五

紧接着孟总在群里问：“驳回起诉，未来有什么隐患不？未来还有诉讼风险吗？”

于是，我在群里阐述我的意见：（1）驳回起诉或申请撤诉，不是我们所能控制的，法官征求我们的意见，只是形式上的，意思是我们就不要上诉了。（2）对方如重新起诉，对我们有利亦有弊。弊是我们已经提起的管辖权异议没有效力了，利是接下来我们有巨大的反击空间。换言之，本案如继续诉讼，最好的结果无非是驳回诉讼请求，而驳回起诉后如我们反击，或许还能让对方退一些费用回来。（3）对方不申请撤诉而申请驳回起诉，法官说是因为诉讼费的问题，但我的估计是，驳回起诉后，对方可以向有关单位交差了，而撤诉达不到这种效果。所以，驳回起诉后，对方再次起诉的可能性是有的，但很低了。

裁定驳回起诉与判决驳回诉讼请求不同，前者是法律程序问题，后者是法律实体问题。因为加固工程的结算还没出来，原告举证不力，不满足驳回起诉的条件，只能驳回诉讼请求。当然，若法院承认我们的管辖权异议成立，则又是另一番洞天：达州仲裁委员会至今尚未成立，但没有相关文件证明其一定不成立，故其系待成立，如此，驳回原告的起诉就有法可依了——这是我能帮Y法官想出的唯一合适的理由。但这个理由，只适合我，却不适合她，如果我像她那样处在法官位置，我也会拒绝思考、接受这样的理由的。

紧接着江珊打来电话，“石老师，孟总让我问问，朱总和潘老师还有几百万元的款留在公司，驳回起诉后，是不是还需要他们留款呢？”

“不需要那么多了吧，留几十万元就可以了，以备不测。”

“你看留多少呢？朱总的款是设计费，应该全部退给他，潘老师交了60万元专门用来打官司，退回去后就不好收回来了。”

“留60万元就差不多了，再次诉讼，我们最坏的结果差不多就是再承担60万元。我在群里发表一下对案件结果的评估吧，供你们参考。”

于是，我继续在群里分析道：

（1）请大家注意一个事实，业主还差施工单位工程款300多万元，其中加固工程余款128万元，业主为什么不急于办理结算？拖工程款呗。

（2）事到如今，业主在结算时会想方设法扣减这128万元（我们的鉴定报告已经给他们提供了扣减的理由），通过结算扣减施工单位的款项，比通过诉讼找我们承担该笔款项，要容易何止千倍。因此，762.6–427.3–140–128=67.3万元，这个67.3万元就是再次诉讼我们可能承担的最坏结果。

（3）如果业主在结算中扣减的款项不止128万元，而是比如195.3万元，业主就没有损失了，也就不必再次起诉了。

这对原告来说，是万全之策。官司打了，没有损失了，能向监察委交差了，万事大吉。我们国企的老总，水平真的高。我期待着。

六

一拖再拖，蔡老师终于将鉴定报告的附件——恢复原设计应增加的工程造价预算——弄好了，千呼万唤始出来。江珊昨天拿到了预算，问我要不要连同递送鉴定报告的函，一并寄给业主。

“不着急了，江珊，现在我们可以等收到法院驳回起诉的裁定后再寄，这可能就是一两天之后的事。”我安排说。

之前，我还对蔡老师颇为不满，要是他早点拿出预算，我们早点把函件寄出去，对方不至于提出让我们再承担119万元的调解方案，肯定会低许多。当时，我还以小人之心度君子之腹，揣测蔡老师一拖再拖，原因可能是公司欠他鉴定费，他要不动声色地报以拖催款。或者，上次蔡老师与夫人林老师一起来芥知馆，我与他夫人聊谈甚欢，把他冷落在一边了。诸君不会误解，我与林老师年轻时就是同事，更熟，情同兄妹，但蔡老师是当局者，不误解反倒不合理了。林老师要蔡老师给我家小孩带一只小猫来，几次见面，蔡老师都“虚情假意”地抱歉说没把猫带来，我说兄弟之间别把猫这类事当回事，说说而已，方便而为，预算才是大事。估计这家伙是想要我主动放弃小猫，以解我与他夫人的深夜畅谈之恨。

事无定数，现在，不着急了。小猫还是要的。不着急的理由有三：（1）在收到法院驳回起诉的裁定前寄出递送鉴定报告的函，可能使原告改变主意，撤回申请，这样我们就不能巩固战果了。（2）收到裁定后，多半需要重新评估局势，对症下药地修订函件。（3）收到裁定后再寄出，才可使该函件成为一把利器，让他们感到我们随时可以起诉他们，要求返还多支付的赔偿款。当然，如果本次诉讼继续，我们也是可以提起反诉的，但是，被反诉与被起诉，在原告那儿的政治含义截然不同。

有没有可能仅仅因为考虑到我们可能主动起诉，原告就再次起诉（纵然我们可以反诉），先发制人，以避开不利呢？果真如此，我在这儿扬扬自得、仿佛神机妙算一样写下的备忘录，岂不成了搬起石头砸自己的脚？

没有神机妙算。诸葛孔明的神机妙算，是《三国演义》不尚实务的作者对自己崇敬的人的一种想象，一种神化。所有自以为自己神机妙算的人都在自我神化，自欺，并有意无意地欺人。他们也许运气好一点，但若自我神化或被人神化，就是在欺骗那些运气不好的人。有作家说，这就是为什么几乎所有的自传、传记对人类心智的作用还不如虚构的小说，因为其中有欺骗的成分，不如虚构的东西真实。诉讼如同打仗，情况瞬息万变，迅猛胜于谋略。我在此写备忘录，是要像人一样思考，而非像神一样思考。坚持做一个人吧，无妨的，无须自拟为神。诸事万物，自拟为神，唯法律能之，其余非假则妖，不然鲁迅先生也不会说《三国演义》状诸葛近乎妖。

对方先发制人是可能的，他们有可能如此反制。但可能性很低，因为我在递送鉴定报告的函中，已经暗示我们可能要采取诉讼之外的措施：如果本次质量事故损失超过100万元，按规定他们应将事故逐层上报至省住建厅，我们会向省住建厅询问情况的。而且，我们本无意追回多付的赔偿款，他们如要反制，不事先招呼一声探探虚实，这不太符合我们礼尚往来的文化传统吧？

备忘到此，安心等待法院驳回起诉的裁定吧。这应该就是一两天的事。

第九章

再次开庭，无须出庭

一

阳台上那株夜来香开花了，又凋谢了，时间在悄然流逝。已经过了差不多一个月，法院驳回原告起诉的裁定迟迟未下达，岁月静好的时光慢慢充溢张力。我预感有事将要发生。什么事呢？不知道。好事还是坏事？不知道。按照墨菲定律，越怕出事，就越会出事，我提醒自己沉住气，耐心等待，静候事态变化。

一天深夜，实在没忍住向江珊微信发问，收到法院的裁定了吗？江珊回复还没收到。预料之中的回复。我解释说，或许是因为法院不知道怎么下裁决才是合适的，所以迟迟未下，耐心等吧。江珊嗯嗯两声，无语意。本想找人探讨一下个中缘由，一吐心中块垒，无奈夜深，对方又是女性，缠着说话不合适，你看到的也只会是不断的嗯嗯之语，无趣。而且，这还会在当事人面前暴露了自己沉不住气的心态，大忌呀！如果律师都沉不住气了，委托人该怎么办？

几天后，接到Y法官的电话；“石律师，原告说他们加固工程的结算一时半会弄不出来，申请法院驳回起诉不太好，还是由法院该怎么判就怎么判吧，因此我们得复一次庭，你看一周以后，7月30号开庭行吗？”

“没问题。”我回答。上次开庭，未进行法庭辩论，程序没走完；要下判，总得把程序走完吧。

“石律师，你们会来开庭吧？”末了，Y法官不放心地问。

什么意思？

“肯定会来的，Y法官，您放心！”我回答得很肯定，信誓旦旦的样子，仿佛要赴一场约会。

你可以说开庭与赴一场约会有霄壤之别，但那一刻，我想到的竟然是古罗马诗人奥维德的诗篇《爱经》。看到很多青年男子在追求异性时那种很笨拙的样子，诗人开导说：“乡下气的羞态，走远些！机会和维纳斯是帮助大胆的。像你那样会说话当然用不到来请教我们：只要想着开端，辩才便不待思索自然而然来了。”——只要想着开端，辩才便不待思索自然而然来了，这不是一个律师要追求的境界吗？

法庭争锋的最终目标，不是说服对方，而是征服法官的心。我预感再次开庭时，我能够达到那样的境界，只需要想着开端即可。这可省心多了。

事情一百八十度骤转，情理之中，意料之外。我马上在群里发布消息，并分析说，复庭最坏的结果，是法院判决我们再承担119万元，最好的结果，是驳回原告的诉讼请求，我们胜诉的可能性大约70%。关于是否调解，我的建议是，在加固工程结算未出来之前，暂不考虑，理由是公司总部仅同意我们承担事故损失的20%，这是我们一直同意的，反悔不好，但事故损失是多少，总得以结算为准吧。

孟总率先在群里回复，同意石老师的意见。紧接着潘老师回复同意。芳禾早就对上次法院拟驳回起诉有所不满，这要拖到猴年马月了，他还要在达州混呢，要杀要剐，来个痛快，别钝刀子割肉，不利索。看来，要把案件做完，而不是拖到下一次，不论结果如何，让悬着的心放下来，是众望所归。

我暗自庆幸，本备忘录搁置日久，现在可以继续写下去了，不至于有头没尾。不是吗？他们的形象都将受到生效判决的影响。不是最后的审判，但也差不多吧。

孟总最担心官司输了判决书上网，公司形象和他个人在公司的形象一损俱损。芳禾反复絮叨他的三重焦虑：他还要在达州混呢；公司截留了他几百万元的设计费，一大堆合作伙伴每天都在给他打电话催款，烦不胜烦；夹在孟总和潘老师之间当磨心，这日子难受。潘老师愧对K县故人，时间都有些年头了，你老潘怎么还没把自己的屁股擦干净呢。至于小潘，仿佛一直在噩梦中，何时梦醒以求解脱？

不是最后的审判，却有着对最后审判的强烈渴望。

二

2021年7月28日，大事频发。

随着中美关系日趋紧张，美国某家生产晶圆体的跨国公司，正在逐步剥离中国事务，好像是要退出我国市场了。夫人是该跨国集团中国公司的法总，不得不为自己的职业前景忧心。所幸，一家本土公司早已向夫人伸出橄榄枝，夫人昨天去面试，今天就收到了面试通过的回复，颇有喜色。

紧接着，看到攀枝花颁布规定，对生二孩、三孩的家庭，每个小孩每月补助500元，直到小孩满三岁。闻之欣喜，攀枝花不愧是西部传奇，法制的规范在全国是前沿的，观念的昌明在全国也是前沿的。欣喜之余，想到自己当年因为生二孩被迫辞去高校教职，难免心情复杂。辞职后，我被迫辗转于攀枝花、成都和上海三地之间，颠沛流离，以确保每月见到夫人和小孩一次。夫人对语言的记忆超好，英文说写连很多美国同事都自叹弗如，但对形象的记忆却不敢恭维。有一天夫人对我说，“亚西，我要一个月见不到你，我就会忘记你长啥模样！”多么恐怖的事！又因生三孩，我们不得不回到成都，好买大一点的房子，教养小孩。芥知馆就是这么弄出来的，攀枝花也回不去了。

蔡老师和夫人林老师十天前终于将猫送来了。林老师说这猫黏人哦，能听得懂人话哦，要好好对它哦。蔡老师专门叮嘱，要定期给猫剪指甲，否则爪子太长了，会行走艰难。夜深时试着给猫剪指甲，不小心被抓了一下，2厘米的划痕，少许出血。问题严重了，会得狂犬病吗？据说狂犬病无治，百分之百的死亡率。于是上网查询有关被猫抓伤和狂犬病的知识，折腾到半夜，终于决定明天不去打狂犬病疫苗。成都这几年无狂犬病病例，狂犬病病毒是一种神经性病毒，仅在猫狗狂犬病发作前三天才会进入其唾液，该病毒在空气中存活的时间仅几分钟，而猫在几分钟前舔其爪子的可能性几乎为零，我不是在给它剪指甲吗，也没看到它舔爪子。百万分之一的感染率，不比出门坐车更危险。而且，要是这种不确定性我都不能承受，我还适合当律师吗？

唉！白天操心了一天，半夜里被猫抓伤，恶补狂犬病知识，时不时查看抓伤处有无异样，可恶的蚊子还专门叮着那儿不放，拍死一只又来一只，这些难道还不是怪事不断？

卢埃林不是说过吗，一个法律人，律师，尤其是法官，你得使用“带歌声般推理的规则”，做一个木刻匠，减轻权威与直觉间的紧张关系……而且，被猫抓出血的那一刻，我真的感到了一丝恐惧。

三

我马上给江珊打电话，问到底是怎么回事？

“石老师，你还不知道吗？成都新冠肺炎疫情暴发了。达州的紧急通知是朱总发来的，他说没有必要去开庭了。”

“不去开庭，需要给法官打个电话，说明一下情况。”

“我已经给Y法官打了电话，说我们可能到不了达州。你猜Y法官怎么说？她说后天的开庭只是走一个形式，因为原告加固工程的结算没有出来，开庭还是要开的，你们可以不来，你们不来也不违反法律的规定。”

“法官为什么这么说呢？”我问，揣测Y法官之所以这么说，应该是因为我们没有撤回管辖权异议，我们不去开庭，在法律上也是说得过去的。

“Y法官没有说为什么，只说不违反法律的规定。我担心了，问Y法官，如果我们不去开庭，法院缺席审判，当庭判我们输了怎么办？”

“Y法官怎么回答？”

“Y法官支支吾吾，意思好像是说，不会当庭判决，判决不会对我们不利。我还是不放心，问为什么呢？”

执着的姑娘！其实，几天前Y法官给我打电话安排开庭时间时，问我们会去开庭吗，我就已经意识到本次开庭可能只是走一个形式。不是吗？上次开庭，原告当庭申请变更审图机构，并拟追加施工单位、监理单位作为被告，但我们至今还没收到相关的诉讼材料；这次开庭，若非走形式，难道就真的是只摁住设计单位打整？

但是，不可以掉以轻心。老子曰：“民之从事，常于几成而败之。慎终如始，则无败事。”谨慎啊。

之后，我安排江珊尽快将《关于递送鉴定报告的函》寄特快专递给原告，以便在开庭时我们能作为证据使用，并重新捋了一遍证据和代理词，做到与案件得重来、庭审需重新过一遍一样。代理词中充杂着我自以为温婉有力的论证、数学公式，以及偶尔的慷慨激昂。磨刀霍霍！是的，哪怕走形式，也得像击剑比赛一样，真的出招，仅不以伤害为目的，而不能学着某些歌星的样子，在舞台上对嘴型假唱，还时不时对不准。是的，我们得对准嘴型。

只是，那原以为要赴一场约会的念头，将要被病毒碾压了。

“Y法官怎么说的呢？”我继续问江珊。

“这次电话，Y法官的态度非常友好、非常温和，不像以前那样催着要我们去开庭，咄咄逼人。但是，她支吾了半天，我都没听明白她是什么意思。最后她好像有点急了，说我不能给你说得太明白！”

“她没有让你来问我吗？”我问。真的期望Y法官这么做，表明我在她心里还有一些分量。

“她没有。我想从她嘴里得到一个明确的答案，但她不给。”令人失望的回答。

“你做得很棒！你不是律师，可以缠着法官给出解释，但我与她之间只能心领神会。她不给就算了吧。”

Y法官肯定不会告诉江珊即将发生的判决结果，庭审程序没有走完，涉嫌未审先判。我明白这一点，她知道我明白这一点，我知道她知道我明白这一点，我会给江珊说到这一点，还需要她提示江珊来问我吗？

我对江珊说了这一点，江珊似懂非懂的。法律思维，这得刻意练习一下才会形成。

四

看到江珊在微信上弱弱地问我，“石老师你打疫苗了没？我没打”，我不打算去开庭了。

为了以防万一，我起草了一份《关于新冠肺炎疫情暴发不能出庭的情况说明》，安排江珊盖章后次日下午寄给法院。

“石老师，明天才寄，法院开庭前收不到的。”江珊提醒我。

“江珊，仅隔一天，尽管后天开庭，我们的做法也是合情合理的。我的意图是，让法院在开庭后才收到我们的情况说明。”

江珊是那种知道你的意图后能想方设法不折不扣去执行的人，我得直接告诉她我的意图，虽然这个意图听起来并不那么高尚。但是，心领神会，如同心有灵犀、心心相印这类情意词语一样，不需要那么高尚，只需你把良善注入其间，对方自然会明白的，也许还期待你那么做。

“为什么呀？”江珊问。

“如果法院在开庭前收到我们的情况说明，他们可能会感到坚持开庭是有问题的，这样的话，我们就让法官为难了。而如果开庭之后才收到，只要判决结果没有对我们不利，我们可以按法院的要求，不管是明示的还是暗示的，收回情况说明，让法院的缺席审判没有任何瑕疵。”我解释说。良善比高尚重要，我得做一个良善而不是高尚的人。

“就是说，如果判决结果对我们不利，我们可以认为缺席审判不合法？”江珊顿时领悟。

“是的。我们总得留一手。”

“这我就放心了。”江珊舒了一口气。

留一手，这手段看似不太光彩，但我相信Y法官是懂的，也是能够理解的。随后，我在群里发布消息说，“本来，碰到疫情暴发这种情况，任何律师的第一反应是申请延期开庭，不去冒不必要的风险。现在代之以不出庭的情况说明，主要是为了给法官提供方便。疫情很严重，我担心我和江珊被困在达州动车站，既出不了站，也不能返回成都，随时都可能被隔离14天。

孟总第一个回应，同意，安全第一。孟总毕竟是江珊的领导，关切之情含蓄而简洁。

果然，7月30日开庭之前，Y法官给江珊打电话，问你们没来吧？答没来。问你们没有申请延期开庭吧？答没有，我们没申请延期开庭，但写了一份因疫情不出庭的情况说明，法院开庭后能收到。

Y法官怎么不打电话问我呢？自上次开庭后，我的电话随授权委托书就留在了法院，她有什么事总是先给我打电话的。这次不同，难道真的心有灵犀，不必多此一举？还是她有什么顾忌？

她多半是有顾忌！如果她本希望我们别申请延期开庭的话，她最好以非正式交流的方式给予暗示，但非正式交流难免有八卦之嫌。法官和当事人的交流，与法官和律师的交流，是有所不同的。

五

2021年8月13日，距离工程竣工验收时间恰好一年，我们收到K县法院的判决书，判决驳回原告的诉讼请求。判决理由写得很简单，加固工程结算没出来，原告应承担举证不力的后果，且达州市住建局不是本案的适格主体，故对原告的诉讼请求不予支持。

一切都在预料之中。一切都发生在战战兢兢的预判之中，如临深渊，如履薄冰，迂回曲折，谜径通幽。尘埃即将落定。如果没有某只亚马逊丛林中的蝴蝶震动翅膀扇动的风，落定了的尘埃是不会再次泛起的。

判决书是江珊转发过来的。随即江珊打来电话："石老师，判决书以加固工程结算没有出来为由驳回原告的诉讼请求，但判决书又说等结算出来后，原告还可以另行主张。你看原告还有没有再次起诉的可能？我们在考虑是将潘老师预交的费用全部退还呢，还是要留一部分备用？"

"江珊，我明白你的意思，我研究一下判决书后，再对对方是否会再次起诉以及后果怎样，做评估吧。”

“好的，石老师。在你发表正式意见之前，能不能与我们先沟通一下？孟总担心到时内部扯起来了不好。”

“没问题的。”我回答。我们做事的惯例，拿到桌面上说的东西，最好事先沟通一下，以免到时大家红脸。潘老师曾私下对我说，他给孟总打电话，孟总从来不接听。孟总也曾私下对我说，他只与朱总联系，其他事都得通过芳禾周转。而芳禾这个人磨心，几经摩擦，已经红过很多次脸了。

之后，我将判决书转发到群里，并写道：“今天收到判决书，法院驳回了原告的诉讼请求，一审我们完胜。对方是否上诉？等15天后即可确知。对方如不上诉，是否会再次起诉？一审判决生效后我将对此做出评估。”

孟总、江珊和潘老师随即在群里对我表示感谢。芳禾专门打来电话，除了表示感谢之外，还为上次承诺送我50斤酒至今还没送来表示抱歉，为了弥补歉意，这小子承诺以后每年都给我送50斤酒。K县本地酿的酒，石老师，几百年的历史了，我不说好坏，你喝了再评价哈。我拭目以待，感觉这小子兑现承诺的方式，是用一个更大的承诺代之。

我给蔡老师发微信，告诉他这一皆大欢喜的判决结果。此前，我们曾探讨说，这个案件可能需要你我三到五年的时间，我们得做好思想准备。现在三五个月就结束案件，蔡老师可以不再为随时可能发生的专家出庭做准备，自然鼓掌以贺。

我也给K县法院上次为了送传票才加微信的书记员发微信：“判决书已收到，谢谢！请转告Y法官，谢谢她，她是正义女神。你也是。谢谢你们。”一会儿对方回复，“不谢的。”此刻，我猛然一看，对方的名称和Y法官名字的英文翻译近似，难道是Y法官本人？忽觉一丝尴尬。

一审完胜，超乎预期。我得感谢所有参与的人，无论原告、被告，合议庭以及旁听者，到庭的和没有到庭而关注着本案的所有人。我尤其得感谢那位在法庭上自始至终戴着口罩一言未发、神秘而关键的人物。他对本案的影响应在张律师之上，毕竟他旁观者清嘛，他在开庭后对整个庭审情况的描述或将决定案件的何去何从。他是谁呢？

我查了判决书，判决书开头仅载明原告的法定代表人和委托代理人张律师，不见其他人。那人是原告的法定代表人吗？我查判决书所载原告出庭人员，仅张律师一人，法定代表人未出庭。这表明那位神秘而关键的人物既非原告的法定代表人，也非委托代理人，而是坐在原告席位上的旁观者。他旁观于庭，半张脸犹如在现实与梦境之间。

六

“对方会上诉吗？”芳禾打来电话时，特意问了这个问题。

“几乎不可能上诉，万分之一的可能性吧。”我回答。

“石老师，你的回答跟D律师一样。我估计这个案件就到此为止了。”芳禾难免得意之情。

“基本如此。5月11号开庭后，对方先是申请驳回起诉，也许法官感觉驳回起诉程序上有问题，没成。之后我猜测应是对方与法院达成了默契，才无须我们出庭，法院就判决驳回了对方的诉讼请求。在这种情况下，如果对方还要上诉，多不可理喻啊。”我总结说。

我的揣测正确吗？从对方的角度看，与其上诉，不如再次起诉。判决书驳回对方诉讼请求的逻辑结构是：加固工程费用当以结算为准，结算至今未出，本案诉讼标的不明确，原告应承担举证不力的法律后果，故对其诉请，法院不予支持；原告有权待结算实际发生后“另行主张”。“另行主张”一语，似乎为原告再次起诉提供了依据。

但是，一事不再理，这是法律原则。故若将“另行主张”理解成可以再次起诉的话，则违反了法律的规定。按规定，原告只能申请再审，期限为六个月，在判决生效后六个月内；如加固工程结算可以作为新证据的话，则在结算出来后六个月内。[18]结算什么时间出来？这6个月，大抵如面团，可以由原告自己拿捏了。当然，除申请再审外，原告也可找相关责任方，如施工方协商。所以，判决书上“另行主张”的措辞，是没有问题的，还给人一种望梅止渴的效果。本案所涉各方，甚至法院，似乎都需要这种效果。

因为这种望梅止渴的措辞，我判断对方与其上诉，不如再次起诉。

但是，即使不考虑法律上的障碍，对方真的会再次起诉吗？

我特地看了一下诉讼费用，判决书上载明，本案诉讼费用55670元，全部由原告承担。5万多元，不是小数目！联想到Y法官曾说当初对方之所以申请驳回起诉，就是为了要节省诉讼费用，不使国有资产流失——对方如果拟再次起诉，为什么不撤诉呢？撤诉后再次起诉，既节约费用，又无法律上的障碍，何乐而不为呢？

在浮光掠影的沉思中，如幻灯片一般，我重新捋了捋本案剧情：那个貌似亚马逊丛林蝴蝶的马仔，达州市监察委，K县政府，尚不存在的达州仲裁委员会，项目业主，设计单位，审图机构，施工单位，鉴定机构……第一次开庭我们没去，法官很生气；第二次开庭我们去了，一场激战；第三次开庭法官乐意我们不去……一台机器就这样运作起来了，此时此刻，望梅止渴成了这台机器运作的润滑剂……梅林在哪儿呢？有的，梅林在施工单位。项目业主不是还欠施工单位工程款300多万元吗？没有结算，不能说存在欠款，结算中若扣减了这300多万元，欠款就不存在了，加固工程的损失也就不存在了……这就是梅林，真正的梅林，与曹操所指的梅林不一样。

到此，本案可总结为：项目业主按监察建议就工程质量事故起诉设计人，无意于输赢，法院也无意于非赢非输，问题在于如何体面收场；设计人借提起管辖权异议自行委托再次鉴定，为体面收场提供了可行方案；项目业主因此可与施工单位形成更好的结算，为免诉累，法院遂其意判决驳回其诉请。

案件后续发展的最终结果应是多年以后的事了。最坏的可能，法院"主动"发现原判决错误，自行撤销原判决，本案再审。最好的可能，项目业主左算右算，决定还是退还设计人已付赔偿款之全部或部分，高风亮节，也好财务做账。

我就等着天上掉馅饼吧！芳禾不是承诺过，退回来的资金都是我的吗？不期待，等，只是等，如等待戈多。唉，其实在本案中，各方当事人，包括律师，都已尝到了各自的馅饼。不能再期待了。

突然想到庄子在《人间世》中的话："事若不成，则必有人道之患；事若成，则必有阴阳之患。若成若不成而后无患者，唯有德者能之。”本案结果对于项目业主而言，恰似“若成若不成”，实系本案中那些没有露面、半露面的高人为之，有德者能之也。

写到这儿，我做了一个决定。我承诺上诉期满后要对项目业主是否会再次起诉做个评估，现在代理合同既已履行完毕，我不打算专门做一个评估了，那可能因为有很多阴谋论方面的或动机方面的揣测而见不得人，而若不如此又不足以把事情说清道明，让当事人信服。就以本备忘录代替评估吧，这是可以公之于众的，纵然书中除科学思维和法律思维外，也有神鬼八卦思维缠绕其间，如阿房宫，“各抱地势，钩心斗角。盘盘焉，囷囷焉，蜂房水涡，矗不知其几千万落”，但终得付之一炬。

哼，我也得为这本枯燥无聊的备忘录找几个读者！微信群中除我带的实习律师小段可能会读本备忘录外，其他的人，孟总、芳禾、潘老师、江珊，还有小潘，如果不是要了解对方会不会再次起诉、能不能再次起诉，他们会认真读吗？

江珊会的。细看她那如凡·高向日葵风格的头像，形如猎户座M42星云——这是比凡·高的星空更加隐秘而深远的存在。

“夜览星空听星语，猎户跃起逐双鱼。岁在白羊俯人间，流星一颗过屋檐。”此刻，仲夏星夜，猎户座在脚下大地的另一面，沐浴在灿烂的日光中，木星从双鱼座逆行回到水瓶座中天。流星？唉，本备忘录终将像流星一样，当它划过屋顶时，除木星在水瓶座无言俯视外，只有阳台上那株夜来香在那儿默默遥望。

后记

致谢及其他

一、测试的缘起

本书写毕后，一天下午，书中人物江珊女士来到芥知馆，问我：设计公司是不是该把潘老师交的60万元退了？我说：读完本书你们能得出结论呀，从法律上看，判决既已生效，案件就结束了，至于是否会反弹，不比出门遇到车祸的可能性更大。非要留一点潘老师的费用的话，就留点律师费吧，10万元足矣，时间不超过三年（诉讼时效）。书中虽含“谜案”的表述，但那其实只是针对非专业人员的噱头，他们如果读完本书，不再觉得是谜案，他们对什么是法律就有点感觉了。

这是一桩与设计单位站在一起争取其权益的建筑案件。与之相反的另一个案件接踵而至。

事有凑巧，那天下午，江珊女士刚走，另一位女士——心悦美术馆的魏总——来到芥知馆。她因看了刘栓宁兄给她转发的本书文稿，决定将美术馆因设计问题屋顶漏雨致使其书画损失逾3000万元的案件，交给我做。但这个案件一审、二审均已审毕，判决已生效，难度极大，也不好收费。我于是建议她“自己代理自己”，我指导协助，法律文书都由我写，收费按word统计10元/字计。魏总基本同意。我劝说她的理由有三：

1.本书的法律文书（见附录）不到1万字，若按10元/字收费，不足10万元。

2.法律文书写成后，你采用才付费，不采用则不付费。如果你或你身边的人觉得有更精炼实用的文字表达，我马上修订，减少字数，为你节省费用。

3.你的案件我也会写备忘录，法律文书就是从备忘录中提取的，这种文字不会是你看过的套话空话连篇的报告，不会是你读过的抒虚情、发假意的文学作品，也不会是你可能没有读过的烧脑的翻译体学术语言。

这会是一种什么样的文字呢？我思之，努力为之。目前思维中有两个事实支点：1.何以鸠摩罗什对《金刚金》的翻译比玄奘的翻译更为流传？2.何以林纾对狄更斯小说的翻译比原作更好？两个文化支点：1.天雨粟、鬼夜哭；2.立德、立功、立言。思未结果，在此不表。

写此后记时，魏总案件的备忘录已写近3万字，书名暂定《最后一根稻草——心悦美术馆建筑案件备忘录》。为了让该备忘录胜过本书，同时追求汉语语言表达的极限，我打算做一点测试，以求裨益。

二、没有负面意见

我把本书发到两个有500人的微信群，一个建筑群，一个律师群，并随手写下下面这段话：

“本书是以故事的方式写的一个建筑案件备忘录。我的想法是，对大案、要案写备忘录，每个备忘录按10万字计，当我写十个案件写到100万字时，也许我能打通法学与文学的连接。请大家拍砖。”

建筑群里有五六人会看本书——他们是否真的看了从其评论一看便知，其中一人大为叫好，说对他们公司做建筑咨询非常有用，还问我，他能否转发他的同事，以便他们好讨论。

律师群中约有六七人会看本书。刘栓宁兄是读得最认真的人之一，他花了三个小时一口气读完，每读到一处发现错别字，即圈点截图转发给我。我在此深表感谢。因栓宁兄对我厚爱有加，故其意见不进入统计之列。

律师群中高玉林兄看到本书后，几天后来到芥知馆与我讨论建筑法律，说本书的专业用语十分准确，在带有文学性质的书中没有违和感，本书与那种他也能写的律师随笔和纯实用性法律书籍不一样。这是我与玉林兄第一次见面。玉林兄清华出身，还有疾在身，以其到芥知馆谦虚低调与我探讨建筑法律的行为对我抬爱如此，我在此深表感激。

是夜，书中人物——我的学生张林——召同学一聚，邀我参加。玉林兄随我赴席。席中，我的另一名学生金磊也在。金磊这小子是学建筑的，但文笔不错，我于是将本书转发给他，嘱其认真阅读，提意见，只准提负面意见。一周后，金磊给我反馈如下意见：

“文章本身情节紧凑逻辑清晰，读起来引人入胜，几个段落别字如上。负面意见完全没有，反而觉得这书既能当法学读又能当文学读（有文学吸引人的情节又不至于纯学术那般枯燥）。至于生活化情节，恰到好处，毕竟，书不是学术，阳春白雪也要下里巴人，不然就成了一堂没人旁听的枯闷庭审？”

没有负面意见？这小子年纪轻轻却如此老于世故，让我惊叹他毕业十年在社会中的迅速成长。在此一并谢过。

上述测试表明：在建筑、法律专业人员中，大概1%的人会看本书，在看的人中，大概1/5的人会认真读。

三、不同的声音，弥足珍贵

为了得到反面意见，我做了几个动作。

第一个动作。我将本书发给中学时带我跨入文学门槛的语文老师——姚元和先生。姚老师后来做过某报的主编，我请他从文学的角度给一点指导意见。几天后，姚老师微信回复如下：

“亚西，我挤时间粗读一遍，感觉如下：一是文笔老到犀利。二是专业主义深厚丰满。如果分角度看，以下几方面可优化：读者的角度，故事不吸引人，共鸣少。法律人的角度，案例简单但介绍不清，法律上价值不足（剖析、典型、技术或是彰显法治发展或变迁等），特别是案件无结果，没有借鉴价值和‘葵花宝典’之用。写作的角度，个人‘主义’过强，开头秒杀全篇，‘形’强‘魂’弱，沉浸感不足。”

姚老师说得很委婉，但我读懂了他的意思：该书在文学上和法学上均无价值。这一下子让我汗颜，好像有冒犯文学界的感觉。在此要特别感谢姚老师的鞭笞。

第二个动作。我将本书发给一位律师朋友——金诚同达的李露女士，请其转发到没人认识我的律师群，嘱其别提我们是朋友，我想听听陌生同行的意见。

翌日，李露女士转给我一位律师同行的评论。该评论千余字，让我受教之处如下：

1.“在小说性方面……此文是传统的书籍写法，如果是打算在磨铁、起点等平台连载，以及即使作为传统书籍也要吸引非法学背景的读者读下去，那么一上来的前三章极其重要，必须在案件情节上迅速抓住读者的眼球，用故事情节推动其他要素（如诉讼技巧、司法实践、行业秘辛、主要人物关系等）的自然前进，而不是一开篇就喧宾夺主、大篇幅着墨于主角的专业优越感和大量与故事/案情不直接相关的对白和心理活动，当读者粗略看完前三章都不知道这是个什么故事、有什么出彩的情节时，是很难继续读下去的。”

2.“在法学性方面，作者自称还希望面向非法学背景的读者，成为他们修炼内功的“宝典”，但通篇看下来以流水账为主，在还没有说清案情的情况下就开始了无尽的诉讼法程序性规则的设问、解读和钩稽，以及其他非主线情节的大篇幅行文……这种不很客观、夹带私货、居高临下的文风，可能并不适合于有所履历的法律职业共同体人员进行阅读，因为作者没有把自己和读者放在平等的位置，颇有炫技和说教之嫌（实际上，文中的主角最好是优缺点兼有，会犯错，也会冲动，放低姿态，读者反而会更喜欢这种主角）。”

不同的声音，弥足珍贵！——这是我对这位陌生同行评论的回复。我在此要特别感谢。

之后，我产生了三方面的想法：

1. 修订序言，声明本书与小说的异同，重新定位本书，以免误会。我也不想冒犯小说界。

2. 写本书时，我确有将书中的人当作人物来写的意识，如女主角是江珊，男主角是芳禾，但我忘了将文中的“我”当作一个人物来写。以后写另案备忘录时，是不是如同《长征记》一样将文中的“我”以第三人称来写更好？

3. 他日赋闲，自己能否写本纯粹的法律小说，让读者读之欲罢不能？

四、第三个动作

我将本书发给香港中文大学法学博士、现执教北京大学的刘莲莲女士，请其多提点反面意见。刘莲莲女士也是一位小说家，写过很多小说，粉丝如云。

几天后，刘莲莲女士给出她的洞见。整体性的问题是，“作者中心意识比较强，偶尔会过多地描述自我心理感受，从而放缓了主线的节奏。这是以‘我’为主角讲故事经常会出现的问题，建议调整一下。”局部性的问题，刘莲莲女士以插入批注的方式，几乎是手把手地教我，让我受益匪浅，在此特别感谢。兹举几例。

在未修订的序中，我曾写到，那些想自己为自己“代理”案件的人，可以将本书当作“葵花宝典”，修炼内功。刘莲莲女士的批注是：“‘葵花宝典’被普遍视为邪物，这个比方不太好。”

这个批注让我猛然想起某种“北大传统”，想起朱苏力老师在波斯纳《法律与文学》代译序中的话：“大多数人的美学欣赏能力都只停留在青少年时期……只要看看那么多人，包括一些甚至中文系的教授，都喜欢金庸就可以证明这一点了。喜欢金庸的读者大多是着迷于其故事，‘成年人的童话’，这表明，至少就叙事作品而言，其阅读方式是比较单一的。而文学欣赏是有多个层面的，甚至是纯形式的：韵律、节奏、色彩甚至仅仅是那种气氛——请想一想唐诗宋词的美感，想一想李商隐的《锦瑟》和《无题》。”而我，这个随手引用“葵花宝典”一语的人，至今没读过任何武侠小说，不知其为邪物。羞愧。

在本书正文第一句话中，书中人物江珊说“石律师，不好了，法官不同意下裁定，坚持开庭”，刘莲莲女士对此的批注是：“对话用不加引号的平述形式的好处是，整个陈述显得冷静、理性，缺点是情感不够丰富，不能有效调动读者情绪。个人建议还是用后者比较好，因为法律、建筑这种专业类的知识比较枯燥，需要文学的活泼形式来点缀，因此应该充分返回它在这方面的优点。”本书中，很多对话我都没有加引号，原因之一是：除非从微信中直接截取过来，哪怕是几个小时前才发生的对话，我都不能确信我记载的是不是对方的原话，我只能保证意思不变，但有犹疑，则去掉引号。现在，我接受刘莲莲女士对本书第一句话的修订建议，加上部分引号。时间过去几个月了，我越来越相信书中所记的就是江珊女士的原话。我向江珊女士核实，她确认是原话。

本书第一章第五节有一句话：“这让人想到毛主席的诗句‘已是悬崖百丈冰，犹有花枝俏’。”刘莲莲女士的批注是：“这句话感觉也是多余的。”莲莲女士不愧是写作高手，因为这句话确实就是我在上诉期内恢复原先未展开的神鬼八卦思维时所写的。过程是这样的：既然要恢复原来的神鬼八卦思维，就不能不说到2021年12月26日我在芥知馆做的一次演讲——《小道：神鬼八卦——非实体而方法》，在这次演讲中，因为时间的巧合，提到了毛主席；既已提到，成为书中人物，又以其诗词参与一下本书生活化的表述部分。这些增加的内容，高明的读者应该一眼就能看出来。这就好像在一件纯粹的艺术品中掺了一些杂质，或在油画蒙娜丽莎的嘴唇上添加了几撇胡须。

五、真正的法律故事

在波斯纳《法律与文学》中，有这么一段话：“在审判中，原告和被告各讲一个故事——实际上是把他们‘真实的’或原始的故事翻译成法律认可的叙事或修辞形式——然后陪审团从中选择自己更喜欢的故事。……在审判中真正发生的事情是，每一方都努力让陪审团相信自己的故事更可信。……最高法院最近还决定，应允许被害人的家人给陪审团讲一个有关缺席被害人的故事，用以平衡被告的故事。”

我以为这才是真正的法律故事。本书是这样的故事之一。

在《法律与文学》中，波斯纳似乎认为，迄今为止，几乎没有写得好的法律故事。对于虚构作品，“小说中的人物，至少是大多数人物（并不是所有人物——请想想哈姆雷特），都有着一种在真实生活中找不到的统一性和透明性……这使大多数虚构人物都更像中世纪‘诙谐剧’而不像你实际会遇到的人”。非虚构作品，如办案手记或司法传记呢？“自传是事实的不可靠来源，这一点臭名昭著……对编年史学家来说，历史（包括传记）实际上是一件臭事连着另一件臭事。”那么有真实的传记吗？“最为忠实的传记应该是在其描写对象生活的同时写成的传记，这样传记作者就不会知道生平结果会怎样了。”

也是因为这种原因，无论本书正文有怎样的不足，我修订的余地十分有限。比如，我不能把我事后才知道的事实写到前面去；很多对话都是微信群里截取的，修订时不能篡改；事后再增补任何事实，都可能会被像刘莲莲女士这样的高手一眼看出瑕疵。这些瑕疵，无异于艺术品上的裂缝或涂污。

因为上述修订方面的限制，上诉期内我在恢复原神鬼八卦思维时，感觉这是最容易的，无须做故事（事实）情节的穿插整理，更多的是思辨的挣扎，学习一下安·兰德写《源泉》的一些技法即可。在这个过程中，一个潜藏已久的念头浮出水面，细思恐极：

一切理论性的大说，如同数学一样，因其不发生在时间之中，故可以随时修订——写学术论文不就是这样的吗？而发生在时间中的故事（事实）情节，要想穿插补充进入已经写好的故事版本，何其艰难？（举例：判决生效后，书中人物芳禾曾对我说，开庭当晚在达州那次喝酒，潘老师禁不住掩声而泣。这么震撼的情节，我当时没注意到——可能是我真的没注意到也可能是酒后记忆遗失，现在怎么都插不进故事文本）时间的问题，或许能够解释为什么人们喜欢读小说，而理论性的大说因其不发生在时间中却要作用于时间之物——历史现实，难免造成灾难。

作为法律人，我个人努力想做的，是忠实地记述故事性的法律事实。

所以，本书正文修订中我能够做的主要是辞工（意犹未尽的则写在自序和本后记中），努力追求自己语言表达的极限。

六、文武艺

雪莱对诗人的定义："诗人是世界上未经公认的立法者。"波兰作家亚当·扎加耶夫斯基在《另一种美》一书中说：雪莱这个对诗人的定义"至今仍被广泛引用，虽然人们在引用时，通常带上了一丝尴尬的微笑"。

法律是一种文武艺，不是单纯的文艺或武艺，而是文艺和武艺结合在一起的文武艺。这种文武艺在案件中的伸展，不论最后结果是成功还是失败，其过程就是一种艺术。正是在这个意义上，我说本书也是一件艺术品——属于艺术范畴，非对艺术品的描述。

民事案件之所以会发生，有利益之争（占主要部分）、观念之争（见于很多离婚案件）、意气报复（比较少见，但有）等，归根结底，我以为都是故事之争。争讼双方所讲述的或打算演绎的故事（现实）不同，法官以其对故事的解读参与了故事的演绎。讲述和演绎故事（现实）是一种文武艺，这种文武艺有高有低。

当事人一方讲述和演绎的故事（现实）胜出——官司赢了，是喜剧；输了，是悲剧。当其输了是因对方或法院的邪恶造就的，是我国文化中的悲剧，窦娥那种；当其输了是因自己和他人之外的原因造就的，无人、无神可归咎，是古希腊悲剧，俄狄浦斯王那种。从这个角度来看，本书所述案件，因结果皆大欢喜，应属轻喜剧，实用价值大而文学价值不高。

能同时讲述和演绎故事（现实）的，是战争和讼争。宽泛地看，一切人类活动，如工程活动，只要涉及言与行的问题，都是在讲述和演绎故事（现实），战争和讼争是典型。不同之处在于，战争以行代言，工程依言而行（依据设计而施工），讼争以言代行（言语就是行动）。战争和讼争处在两个极端，两者都与国家暴力相关，都是在调兵遣将。虚构作品只是在讲述故事，不是演绎故事（现实），其所谓的演绎，是纸上谈兵（无贬义。网络互动游戏或可称作半虚构作品，你的银子真的会增多或减少）。波斯纳在《法律与文学》中引述凯瑟琳·麦金农的观点："作为一种方法，讲故事的最大危险是变成谎言……我们时代的主要冲突是有关真正事实的冲突，其次才是关于事实的不同版本以及理解事实的各种方法的冲突。"这个最大的危险，对于非虚构作品、半虚构作品和虚构作品，皆存在，唯有讲述和演绎故事（现实）是其自身生成的，方可避免该危险。而这或许只有在以言代行、言行合一的争讼故事中，方显可能。

故事不一定能成为艺术，但是，当讲述和演绎故事（现实）是用诗——无论韵律诗还是散文诗——的语言进行时，这就可能形成伟大的艺术品，或胜于《伊利亚特》和《奥德赛》，"不离日用常行内，直达先天未画前"。

《伊利亚特》和《奥德赛》是被当时的人当作历史传颂的，其最初是当事人自己用来讲述和演绎现实（战争或漂泊）的，后人在传颂中加工整理，几百年后，至荷马定型。这个加工整理的过程，是神鬼八卦的过程，也是诗化的过程。

反观"诗人是世界上未经公认的立法者"，诗人应是在讲述和演绎战争或讼争这种现实（所以诗歌是大说），不论这种战争和讼争是社会性的还是个体性的，是外在的还是内心的，是动作性的还是情感性的，是宗教的还是世俗的，是圣洁的还是低俗的，是欲望的还是无欲的……进一步追问，若法律思维没有渗透到诗人的意识里，他怎么可能成为立法者呢？或许，自由意志，法律中这个最神秘莫测之物，与诗人意识本就是一体的。

行笔至此，测试、致谢并总结，希望能对自己写下一个备忘录有所帮助。方向是：诗化的语言。尽管这么想时，难免带一丝尴尬的微笑——我做不到，但物之理应如此。

一直隐约感觉本书正文记庭审中看到那半张脸时（其实新冠肺炎疫情期间我们都是半张脸），缺少了点什么，现在方明白，少了几行诗。这是我年少时写的一首组诗《幻象六重》中的最后一首《真实的高处》，当初写时不明其意，现在好像明白了，开头几句是：

“这边的光线因燥热而曲折

人们掩埋自己的脸

所有的表情如同一场交易”

真实的高处，正义女神蒙着双眼，我们呢，最好睁眼而蒙住半张脸（这至少有利于防止病毒传播，包括语言病毒）。

事又凑巧，正当我在写本后记时，收到高玉林兄对本书案件所做的复盘，他在重新演绎本案。玉林兄已将本案当作了一件艺术品，把玩其中，玩索有味。在此，我再次对玉林兄致以敬意和谢意。

既已付梓，我还得借此机会衷心欢迎广大读者批评赐教，你的任何批评对我来说都是弥足珍贵的（邮箱：610509219@qq.com）。

附　录

一、管辖权异议书

异议人：__________公司，住所地：______________。

负责人：__________。

异议请求：

裁定原告__________公司与异议人、异议人总公司建设工程设计合同纠纷一案应由达州仲裁委员会管辖，驳回原告对异议人、异议人总公司的起诉。

事实与理由：

2021年4月7日，异议人收到原告与异议人、异议人总公司建设工程设计合同纠纷一案［（2021）川1723民初361号］的应诉材料。

原告与异议人2012年5月签订的《建设工程设计合同》第8.7款约定："本合同在履行过程中发生的争议，由双方协调解决，协商不成的按下列第一种方式解决：（一）提交当地仲裁委员会仲裁。""当地"指项目所在地，"当地仲裁委员会"指达州仲裁委员会。故约定本案争议由达州仲裁委员会管辖，是签约双方的真实意思表示。

《中华人民共和国仲裁法》第五条规定："当事人达成仲裁协议，一方向人民法院起诉的，人民法院不予受理，但仲裁协议无效的除外。"按此规定，请求法院裁定如上所请。

此致：K县人民法院

异议人：（分公司签章）

二〇二一年四月十二日

二、关于“达州仲裁委员会”是否成立的咨询函

四川省达州市人民政府：

贵府2012年5月21日下达通知，即达市府函〔2012〕99号《达州市人民政府关于成立达州仲裁委员会的通知》，决定成立“达州仲裁委员会”。有鉴于此，我公司在一份设计合同中约定，若发生争议，将争议提交达州仲裁委员会仲裁。

现有消息说，达州没有仲裁委员会，而我公司亦尚不能通过正常途径查询达州仲裁委员会的电话予以了解，故不揣冒昧向贵府了解相关情况：

1. 达州仲裁委员会是至今尚未成立，还是成立之后撤销了？

2. 如果达州仲裁委员会是至今尚未成立，则达市府函（2012）99号《达州市人民政府关于成立达州仲裁委员会的通知》是否还有效？即达州仲裁委员会还会成立吗，什么时间能成立？

上述问题，请贵府不吝赐教，这将影响我公司在达州及川东片区的投资、PPP项目合作以及设计业务拓展等。

不胜感激！

（总公司签章）

二〇二一年四月十六日

附：达市府函〔2012〕99号《达州市人民政府关于成立达州仲裁委员会的通知》。

三、关于递送鉴定报告的函

______________________公司：

贵公司诉我公司建设工程设计合同纠纷一案，我公司总部高度重视，要求我公司在管辖权异议期间，再次委托鉴定，在已有鉴定报告的基础上，明晰事故原因、损失构成等。为此，我公司已委托鉴定机构对本案工程质量事故进行再次鉴定。

2021年5月11日，本案第一次开庭。至开庭之时，鉴定尚在进行中，鉴定报告主体虽已完成，然附件还在审核过程中。因此，开庭时我公司仅能向贵公司递送鉴定报告主体的复印件，望见谅。

现鉴定报告及其附件已全部完成，特致函贵公司递送该报告，请贵公司给予重视。理由如下：

1. 事故原因

第一次鉴定报告载："实测结果钢筋间距加密区为距96—121mm（设计间距为100mm），非加密区为185—213mm（设计间距为200mm），钢筋保护层厚度为28—46mm，测试结果表明钢筋间距、钢筋保护层厚度局部偏大。""根据现场检查情况及建模验算结果，主要原因为其原设计实际配筋不满足其设计条件，造成裂缝。”

本次鉴定报告载：“车间二、三、四、五设计配筋不足；恢复正常设计，对车间二、三、四、五重新设计的结构施工图比原结构施工图预算增加了427.3万元；车间二、三、四、五的二层至五层裂缝为施工工艺及温差效应导致；五层屋盖层裂缝的出现为设计计算不足导致，施工工艺及温差效应加剧了裂缝的开展和发展。”

第一次鉴定报告偏重于现场勘验，本次鉴定报告偏重于设计验算。两次鉴定报告的结论是相同的，即本案工程质量事故，主要原因是配筋不足，次要原因是钢筋保护层厚度局部偏大及温差效应；主要原因配筋不足，主要是由设计引起的，施工实际配筋间距局部偏大（施工工艺）加剧了配筋不足；次要原因中钢筋保护层厚度局部偏大，是施工工艺引起的。

所以，本案工程质量事故并不完全是由设计失误造成的，虽然设计失误是主要原因。

如果没有设计失误，或者有设计失误但提前发现了失误而变更设计，则增加配筋必然引起造价的增加。故在加固费用762.5997万元中，应减去这笔费用（427.3万元），才可能是本案事故的损失。

2. 事故损失

第一次开庭时，我公司得知，贵公司尚未与施工单位办理竣工结算，工程余款300多万元（其中加固工程余款约128万元）。

贵公司与施工单位签订的《施工合同补充协议》第五条约定："按照开财函〔2016〕596号文件规定的招标控制价执行，即协议总价款为：762.5997万元。"第七条约定："其他仍按照原施工合同相关条款执行。"开财函〔2016〕596号文件载："在正式签订合同前，应按开财投〔2008〕11号文的规定报县财政局对价款结算条款进行符合性审核，经审核后方能签订正式合同。"——因此，762.5997万元仅是控制价，即加固工程签约价款的上限，加固工程应随整个工程按主合同的约定一起办理竣工计算。

车间二、三、四、五的二层至五层裂缝，纯系施工工艺（钢筋间距、钢筋保护层厚度局部偏大）及温差效应导致，故其修复费用不属于因设计失误造成的工程质量事故损失。所以，请贵公司在办理竣工结算时，将该等裂缝修复费用单列，以方便法院将其作为扣减项之一从加固费用中扣减后，按主次责任原则分配设计和施工各自的责任比例，确定因设计失误造成的工程质量事故损失，并在此基础上进一步在设计人和审图机构之间分配责任比例。

本次鉴定报告同时载明，采用碳纤维加固较正常加固（增加构件截面尺寸），造价偏高（1.5倍以上）。第一次鉴定报告建议采用碳纤维加固，或许是考虑到（1）唯有如此才能弥补因施工实际配筋间距偏大引起的不足，抑或（2）碳纤维有利于提升房屋品质（如增加了房屋层高净高、美观因素等）。采用碳纤维加固较正常加固所增加的费用，也不属于质量事故损失或至少不属于因设计失误造成的质量事故损失，请贵公司明鉴。

依据《关于做好房屋建筑和市政基础设施工程质量事故报告和调查处理工作的通知》（建质〔2010〕111号），“一般事故，是指造成3人以下死亡，或者10人以下重伤，或者100万元以上1000万元以下直接经济损失的事故”；“一般事故逐级上报至省级人民政府住房和城乡建设主管部门”。就我公司了解，本案工程质量事故，至今并未上报至四川省住建厅，这与事故损失不应该超过100万元、够不上一般事故（如前述762.6万元/1.5-427.3万元=81.1万元），是相互说明的。

第一次鉴定系施工单位单方委托，出具的是专家结论，贵公司和我公司均无异议。本次鉴定系我公司单方委托，出具的同样是专家结论，请贵公司予以采信。如果贵公司不予采信，则请贵公司在诉讼中申请司法鉴定，并将本函所述下列问题一并纳入鉴定范围，我公司有理由相信，本案工程质量事故够不上一般事故：

（1）如果原施工图配筋足够，造价会增加多少？

（2）车间二、三、四、五的二层至五层裂缝修复费用，不属于设计失误造成的工程质量事故损失，其数额是多少？

（3）采用碳纤维加固较正常加固（增加构件截面尺寸）所增加的费用，不属于质量事故损失或至少不属于因设计失误造成的质量事故损失，其数额是多少？

特此致函！

顺颂商祺

（公司签章）

二〇二一年六月十六日

附：鉴定报告及附件（原件）。

四、证据目录及证明内容

证据1：2012年5月，原告与被告1签订的《建设工程设计合同》（GF-2000-0209）。

证明内容：

该合同第7.3款："设计人对设计资料及文件出现的遗漏或错误负责修改或补充。由于设计人员错误造成工程质量事故损失，设计人除负责采取补救措施外，应免收直接受损失部分的设计费。损失严重的根据损失的程度和设计责任大小向发包人支付赔偿金，赔偿金由双方商定为实际损失的10%。"——按此约定：

1.对于因设计造成的质量事故损失，不严重的，设计人"除负责采取补救措施外"，赔偿损失的方式是免收受损失部分的设计费；严重的，还应赔偿实际损失的10%。

2.这里的"补救措施"，特指设计技术补救措施，理由是：

（1）如果这里的"补救措施"包含费用承担（赔偿损失），则对于严重的损失，设计人还应赔偿实际损失的X%就成为惩罚性赔偿，当X%是100%，就成为双倍赔偿。这与民事赔偿的

"填平原则"是不相符合的。

（2）"除负责采取补救措施外"，"除……外"这种表述方式意味着合同前面对"采取补救措施"有约定，或者法律对此有规定。在第7.3款之前对"采取补救措施"并无约定（该词仅在第7.3款出现过一次），故"采取补救措施"应指第7.3款第一句话"设计人对设计资料及文件出现的遗漏或错误负责修改或补充"，即采取技术补救措施。《建设工程质量管理条例》第二十四条规定"设计单位应当参与建设工程质量事故分析，并对因设计造成的事故，提出相应的技术处理方案"，此处的"技术处理方案"亦即技术补救措施。

（3）合同中的补救措施指技术补救措施，这不仅是规范使然，也是行业惯例（见证据2）。

（4）若将"负责采取补救措施"作扩大化理解，不仅指负责采取技术补救措施，还包含负责确定施工单位组织施工并承担相应的费用，则本案中的加固工程应由设计人依法招标确定施工单位组织施工，以便设计人能自行控制费用。反过来看，本案加固工程由业主当作设计变更确定由原施工单位施工，这一事实表明不能将补救措施作扩大化理解。

证据2：《建设工程设计合同示范文本（房屋建筑工程）》（GF-2015-0209）。

证明内容：

该示范文本是本案《建设工程设计合同》（GF–2000–0209）的升级版本。在该文本中，“补救措施”一词出现过四次（如下），综合分析，该词应特指技术补救措施。因为，无论因谁的原因造成质量事故，设计人都应采取补救措施，故其补救措施只能是技术补救措施。由此可证明，“补救措施”特指技术补救措施，这不仅是规范使然，也是行业惯例（大家都在用这个文本）。

5.4.1　因设计人原因造成工程设计文件不合格的，发包人有权要求设计人采取补救措施，直至达到合同要求的质量标准，并按第14.2款〔设计人违约责任〕的约定承担责任。

5.4.2　因发包人原因造成工程设计文件不合格的，设计人应当采取补救措施，直至达到合同要求的质量标准，由此增加的设计费用和（或）设计周期的延长由发包人承担。

8.6　因设计人原因造成工程设计文件不合格致使工程设计文件审查无法通过的，发包人有权要求设计人采取补救措施，直至达到合同要求的质量标准，并按第14.2款〔设计人违约责任〕的约定承担责任。

14.2.3　设计人对工程设计文件出现的遗漏或错误负责修改或补充。由于设计人原因产生的设计问题造成工程质量事故或其他事故时，设计人除负责采取补救措施外，应当通过所投建设工程设计责任保险向发包人承担赔偿责任或者根据直接经济损失程度按专用合同条款约定向发包人支付赔偿金。

证据3：第二次鉴定报告。

证明内容：

1.将两次鉴定报告结合起来看，可以确定：本案工程质量事故，主要原因是配筋不足（不能满足设计要求的楼面活荷载 $5.0kN/m^2$，只能满足规范要求的 $2.0kN/m^2$），次要原因是钢筋保护层厚度局部偏大及温差效应。主要原因配筋不足是由设计引起的，施工实际配筋间距局部偏大（施工工艺）加剧了配筋不足；次要原因中钢筋保护层厚度局部偏大，是施工工艺引起的。——故设计只应对配筋不足承担主要责任。

2.如设计配筋足够，满足设计条件，则本案工程会增加造价427.3万元。反过来看，本案质量事故损失，应从加固费用中扣减427.3万元。

3.车间二、三、四、五的二层至五层裂缝，系因施工工艺及温差效应引起的，其修补费用不属于因设计失误造成的工程质量事故损失，应扣减。

证据4：《关于递送〈K县普安工业集中发展区标准化厂房建设项目车间二、三、四、五鉴定报告〉的函》。

证明内容：

设计人已经向业主正式递交了第二次鉴定报告及其附件，并提醒业主：（1）在办理加固工程结算时，应将车间二、三、四、五的二层至五层裂缝的修复费用单列出来。（2）如果对第二次鉴定报告不认可，则其应申请司法鉴定。

提交人：＿＿＿＿＿＿

二〇二一年七月三十日

五、代理词

尊敬的审判长、陪审员：

原告诉被告一及其总公司被告二建设工程设计合同纠纷一案，经过庭审，代理人现根据事实和法律，代为被告一发表意见如下：

1. 本案案情

1.1 2012年5月，原告与被告一签订的《建设工程设计合同》（GF-2000-0209）。合同约定，因设计错误造成的工程质量损失，设计人除负责采取补救措施外，应免收相应的设计费，损失严重的，设计人还应赔偿实际损失的10%；并约定，如发生争议，提交当地仲裁委员会仲裁。

1.2 施工过程中，因工程出现质量问题，施工单位委托鉴定机构出具鉴定报告，鉴定结论："根据现场检查情况及建模验算结果，主要原因为其原设计实际配筋不满足其设计条件，造成裂缝"；建议采用碳纤维进行加固。

1.3 原告接受了鉴定报告的建议，选择采用碳纤维加固，被告一据此出具了加固施工图。加固由原施工单位施工，控制价（合同暂定价）762.6万元。之后，工程进行了正常的竣工验收。

1.4 被告一为表示歉意，超出合同约定赔偿实际损失的10%，已经赔付了140万元。

1.5 之后，原告起诉，主张622.6万元的赔付款。管辖异议期间，为了明确事故原因和损失构成，被告一委托鉴定机构再次鉴定，鉴定结论：车间二、三、四、五设计配筋不足，恢复正常设计对车间二、三、四、五重新设计的结构施工图比原结构施工图预算增加了427.3万元，“车间二、三、四、五的二层至五层裂缝为施工工艺及温差效应导致；五层屋盖层裂缝的出现为设计计算不足导致，施工工艺及温差效应加剧了裂缝的开展和发展”。

2.“补救措施”特指技术补救措施

设计合同第7.3款约定：“设计人对设计资料及文件出现的遗漏或错误负责修改或补充。由于设计人员错误造成工程质量事故损失，设计人除负责采取补救措施外，应免收直接受损失部分的设计费。损失严重的根据损失的程度和设计人责任大小向发包人支付赔偿金，赔偿金由双方商定为实际损失的10%。”——在此，“补救措施”特指技术补救措施，理由如下：

2.1 法律原则使然。从该约定自身的逻辑结构来看，“补救措施”应指技术补救措施，不包含费用承担。否则，对于损失严重的，设计人还应赔偿实际损失的X%就成为惩罚性赔偿，当X%是100%时，就成为双倍赔偿。这与民事赔偿的“填平原则”是不相符合的。

2.2 上下文使然。“除负责采取补救措施外”，“除……外”这种表述方式意味着合同前面对“采取补救措施”有约定，或者法律对此有规定。在第7.3款之前对“采取补救措施”并无约定（该词仅在第7.3款出现过一次），故“采取补救措施”应指第7.3款第一句话“设计人对设计资料及文件出现的遗漏或错误负责修改或补充”，即采取技术补救措施。《建设工程质量管理条例》第二十四条规定“设计单位应当参与建设工程质量事故分析，并对因设计造成的事故，提出相应的技术处理方案”，此处的“技术处理方案”亦即技术补救措施。

2.3 规范及行业惯例使然。本案合同采用《建设工程设计合同》（GF–2000–0209），其升级版本《建设工程设计合同》（GF–2015–0209）明确了“补救措施”即技术补救措施。在该升级版本中，无论因谁的原因造成质量事故，设计人都应采取补救措施，故其只能是技术补救措施。由此可以证明，“补救措施”特指技术补救措施，不仅是规范使然，也是行业惯例（大家现在都在用这个升级版本）。

2.4 依据合同实际履行的情况，“补救措施”也指技术补救措施。

在施工中，双方是按“补救措施”即技术补救措施来履行的。表现为：加固工程系原告以设计变更的方式确定由原施工单位施工的，加固费用亦由原告与施工单位办理结算。这些都是业主的职能，不是设计人能负责的。

若将“负责采取补救措施”作扩大化理解，不仅指负责采取技术补救措施，还包含负责确定施工单位，组织施工，并承担相应的费用，则本案中的加固工程应由设计人依法招标确定施工单位进行施工，并自行与施工单位进行结算，以便设计人能自行控制费用。——而这不是事实，也不可行。

3. 为什么只应赔偿实际损失的10%

对因设计失误造成的工程质量事故损失，设计人一般只赔偿业主实际损失的一定比例（通常不超过30%），理由如下：

3.1　不使设计偏于保守。设计人靠技术吃饭，并非靠资金吃饭，故一般而言，设计人的资金实力不强。如果合同约定设计人得赔偿业主实际损失的100%，则设计人在设计时会偏向于非常保守，这会给业主增加额外的造价。所以，业主往往宁愿降低设计人承担损失的比例，以使设计人不致太保守，降低投资。

3.2　有审图机构把关。设计人设计完毕，还得由业主委托审图机构进行审查、把关，故所谓因设计失误造成的工程质量事故，从来都不是由设计人单方面的原因造成的。业主同意设计人只赔偿实际损失的一定比例，意味着业主同意自行承担其余比例的损失或约定由审图机构分担。具体到本案中，意味着业主同意自行承担实际损失的90%或按约定要求审图机构分担损失。

3.3　设计费过低。《建设工程勘察设计管理条例》（国务院令第293号）第二十四条规定："建设工程勘察、设计发包方与承包方应当执行国家有关建设工程勘察费、设计费的管理规定。"《工程勘察设计收费管理规定》（计价格〔2002〕10号）第六条规定，勘察设计费按收费标准"浮动幅度为上下20%"。本案中，按规定设计费应为约120万元（见附件），但合同约定的设计费仅约31万元。收费比例很低，故承担责任的比例也比较低。这也符合《合同法》"无偿的委托合同，因受托人的故意或者重大过失给委托人造成损失的，委托人可以要求赔偿损失"这一原则（量化思维，即在本案中，有偿委托仅占1/4，无偿委托占3/4）。

3.4　所以，本案设计合同约定对因设计失误造成的工程质事故量损失，设计人只赔偿10%——这既是双方的真实意思表示，也是一种实事求是的行为。

4. 事故原因和损失大小

4.1　事故原因

第一次鉴定报告载："实测结果钢筋间距加密区为96—

121mm（设计间距为100mm），非加密区为185—213mm（设计间距为200mm），钢筋保护层厚度为28—46mm，测试结果表明钢筋间距、钢筋保护层厚度局部偏大。”“根据现场检查情况及建模验算结果，主要原因为其原设计实际配筋不满足其设计条件，造成裂缝。”

第二次鉴定报告载：车间二、三、四、五设计配筋不足，“车间二、三、四、五的二层至五层裂缝为施工工艺及温差效应导致；五层屋盖层裂缝的出现为设计计算不足导致，施工工艺及温差效应加剧了裂缝的开展和发展”。

第一次鉴定报告偏重于现场勘验，第二次鉴定报告偏重于设计验算。两次鉴定报告的结论是相同的，即本案工程质量事故，主要原因是配筋不足，次要原因是钢筋保护层厚度局部偏大及温差效应。主要原因配筋不足，主要是由设计引起的，施工实际配筋间距局部偏大（施工工艺）加剧了配筋不足；次要原因中钢筋保护层厚度局部偏大，是施工工艺引起的。

所以，本案工程质量事故并不完全是由设计失误造成的，虽然设计失误是主要原因。

4.2　事故损失

如果没有设计失误，或者有设计失误但提前发现了失误而变更设计，则增加配筋必然引起造价的增加。因此，在计算业主的损失时，应从加固费用（假设为A，暂定762.6万元，最终以结算为准）中，扣减这笔费用（假设为B）。

第二次鉴定报告载：恢复正常设计对车间二、三、四、五重新设计的结构施工图比原结构施工图预算增加了427.3万元。此即，应从加固费用中减去427.3万元。

第二次鉴定报告同时载明，采用碳纤维加固较正常加固（增加构件截面尺寸），造价偏高（1.5倍以上）。第一次鉴定报告建议采用碳纤维加固，或许是考虑到（1）唯有如此才能弥补因施工实际配筋间距偏大引起的不足，抑或（2）碳纤维有利于提升房屋品质（如增加了房屋层高净高、美观因素等）。采用碳纤维加固较正常加固所增加的费用，也不属于质量事故损失，应该扣减。

故本案工程质量事故损失，假设为C，则：C≈762.6万元/1.5−427.3万元=81.1万元。

依据《关于做好房屋建筑和市政基础设施工程质量事故报告和调查处理工作的通知》（建质〔2010〕111号）第二条第四项的规定，“一般事故，是指造成3人以下死亡，或者10人以下重伤，或者100万元以上1000万元以下直接经济损失的事故”；“一般事故逐级上报至省级人民政府住房和城乡建设主管部门”。据了解，本案工程质量事故，至今并未上报至四川省住建厅，这与事故损失不应该超过100万元、够不上一般事故，是相互说明的。

4.3 因设计失误造成的事故损失

据上，因设计失误造成的工程质量事故损失，应按如下方式确定：

车间二、三、四、五的二层至五层裂缝，纯系施工工艺（钢筋间距、钢筋保护层厚度局部偏大）及温差效应导致，故其修复费用（假设为D），不属于因设计造成的工程质量事故损失，应予扣减。

整个楼栋配筋不足，主要原因是设计配筋不足，次要原因是施工工艺——施工实际配筋间距局部偏大。假定主要原因承担责任的比例为K%（一般为60%—70%）。则因设计失误造成的工程质量事故损失（假设为E）应为：

$$E=(A/R-B-D)\times K\%$$

E：因设计失误造成的工程质量事故损失。

A：加固费用，暂定762.6万元，最终以结算为准。

R：碳纤维加固与正常加固的费用比值，在1.5倍以上，按1.5计。

B：恢复正常设计增加的造价，第二次鉴定确定为427.3万元。

D：车间二、三、四、五的二层至五层裂缝的修复费用，暂按加固费用的10%计。

K%：主要原因应承担责任的比例。

当主要原因应承担责任的比例（K%）按70%计时，则

E=（A/R−B−D）×K%=（762.6万元/1.5−427.3万元−762.6万元×10%）×70%=3.4万元。

即使不考虑碳纤维加固较正常加固的费用比值1.5倍，E=（A−B−D）×K%=（762.6万元−427.3万元−762.6万元×10%）×70%=181.3万元。

故因设计失误造成的工程质量事故损失大约在3.4万—181.3万元。

5. 结语

5.1　合同是签约双方的意思自治，应充分尊重。设计合同约定设计人承担因设计失误造成工程质量事故损失的10%，如上所述，该损失大约在3.4万—181.3万元，故对本次质量事故，设计人的赔偿额在3400—18.13万元。而设计人已经赔付了140万元，已然超赔。

5.2　综上，恳请法院驳回原告的诉讼请求。

代理人：×××

二〇二一年七月三十日

六、关于因新冠肺炎疫情暴发不能出庭的情况说明

K县人民法院：

原告诉我公司及其总部建设工程设计合同纠纷一案，贵院定于2021年7月30日第二次开庭。

因成都市新冠肺炎疫情暴发，成都市各片区已经采取相应的管控措施。2021年7月28日，达州市应对新冠肺炎疫情应急指挥部下达《关于当前新冠肺炎疫情防控的紧急通知》。根据该等管控措施，我公司和总部的代理人可能出不了成都，即使出了成都，也可能被困在达州市动车站，既不能出站，也不能返回。情格势禁，故我公司和总部的代理人不能出席2021年7月30日的开庭。

特此说明，请予体谅为谢！

（公司签章）

二〇二一年七月二十九日

附：达州市应对新冠肺炎疫情应急指挥部《关于当前新冠肺炎疫情防控的紧急通知》。

注　释*

[1]《中华人民共和国民事诉讼法》第一百二十七条第二款规定："当事人未提出管辖异议，并应诉答辩的，视为受诉人民法院有管辖权，但违反级别管辖和专属管辖规定的除外。"在此，参加开庭系应诉，庭审中重申管辖权异议或拒绝答辩均可视为答辩。若法院已将因有仲裁协议提出的管辖权异议不视为管辖异议，则属于"当事人未提出管辖异议"，法院可视为自己有管辖权。

[2]《中华人民共和国仲裁法》第五条第一款规定："当事人达成仲裁协议，一方向人民法院起诉的，人民法院不予受理，但仲裁协议无效的除外。"该条说的是无效，非待生效。

《中华人民共和国合同法》第四十五条第一款规定："当事人

* 本书引用的为案件发生时适用的法律条款。

对合同的效力可以约定附条件。附生效条件的合同，自条件成就时生效。附解除条件的合同，自条件成就时失效。”第四十六条规定：“当事人对合同的效力可以约定附期限。附生效期限的合同，自期限届至时生效。附终止期限的合同，自期限届满时失效。”

《中华人民共和国民法典》第一百五十八条规定：“民事法律行为可以附条件，但是根据其性质不得附条件的除外。附生效条件的民事法律行为，自条件成就时生效。附解除条件的民事法律行为，自条件成就时失效。”第一百六十条规定：“民事法律行为可以附期限，但是根据其性质不得附期限的除外。附生效期限的民事法律行为，自期限届至时生效。附终止期限的民事法律行为，自期限届满时失效。”

法律上的条件，指或然事件。本案中，双方在签订合同时，政府已决定成立仲裁委员会，其成立只是时间的问题。故本案合同在签订时，言其系附期限更合理。因事过多年仲裁委员会至今尚未成立，其是否成立，就变成了一种或然事件，故言该仲裁条款现在系附条件生效更为合理。

[3]《最高人民法院关于适用〈中华人民共和国民事诉讼法〉的解释》(法释〔2015〕5号)第二百一十六条规定：“在人民法院首次开庭前，被告以有书面仲裁协议为由对受理民事案件提出异议的，人民法院应当进行审查。

经审查符合下列情形之一的，人民法院应当裁定驳回起诉：

（一）仲裁机构或者人民法院已经确认仲裁协议有效的；

（二）当事人没有在仲裁庭首次开庭前对仲裁协议的效力提出异议的；

（三）仲裁协议符合仲裁法第十六条规定且不具有仲裁法第十七条规定情形的。”

该条没有规定若异议不成立，法院必须下裁定。

［4］见注释［3］所述条款，该条款所言异议，指在首次开庭前提出的，非特指在法定管辖权异议期（提交答辩状期间）提出的异议，前者较后者的期限长。在管辖权异议期满至首次开庭前提出的异议，若不成立，法院不是必须下裁定。

［5］《中华人民共和国民事诉讼法》第一百二十七条第一款规定：“人民法院受理案件后，当事人对管辖权有异议的，应当在提交答辩状期间提出。人民法院对当事人提出的异议，应当审查。异议成立的，裁定将案件移送有管辖权的人民法院；异议不成立的，裁定驳回。”

其中，“裁定将案件移送有管辖权的人民法院”，意味着管辖是法院与法院之间的事。

《中华人民共和国民事诉讼法》第一百二十四条第一款第（二）项规定：“依照法律规定，双方当事人达成书面仲裁协议申请仲裁、不得向人民法院起诉的，告知原告向仲裁机构申请仲裁。”实践中，因仲裁协议提出的管辖权异议若成立，法院就会主动撤销案件，并会告知当事人申请仲裁；若不成立，则满足裁定驳回的条件，法院应当裁定驳回。

异议或（1）成立或（2）不成立，这是两种平行的情况，各有自己的处理方法。由第（1）种情况而推定管辖是法院与法院之间的事，未必正确；因有此推定而认为在第（2）种情况下可以对案件不属于法院管辖的管辖异议不下裁定，这是将两种平行的情况相互交织在一起了。

[6]《建筑结构荷载规范》（GB 50009—2001）第4.1.1条规定：“民用建筑楼面均布活荷载的标准值及其组合值、频遇值和准永久值系数，应按表4.1.1的规定采用。”表中标准值最低是2.0KN/m^2。第4.2.2条规定：“工业建筑楼面（包括工作平台）上无设备区域的操作荷载，包括操作人员、一般工具、零星原料和成品的自重，可按均布荷载考虑，采用2.0KN/m^2。”（2.0KN/m^2=196 Kg/m^2，约每平方米200千克。）

楼面活荷载最低值2.0KN/m^2，这一说法，对民用建筑成立，对工业建筑则未必。因为在用词上，前者是“应按”，后者是“可按”，即前者是强制性标准，后者则不是，参见注释[15]。是否属于强制性标准，对确定本案设计是否侵权有影响。

[7]《房屋建筑和市政基础设施工程施工图设计文件审查管理办法》(中华人民共和国住房和城乡建设部令第13号)第十五条第二款规定:“审查机构对施工图审查工作负责,承担审查责任。施工图经审查合格后,仍有违反法律、法规和工程建设强制性标准的问题,给建设单位造成损失的,审查机构依法承担相应的赔偿责任。”在此,“依法承担相应的赔偿责任”中的“法”,除侵权法外,未见其他规定,而侵权法并未直接规定审图失误是侵权以及“相应的赔偿责任”。

[8]《中华人民共和国建筑法》第二十四条规定:“提倡对建筑工程实行总承包,禁止将建筑工程肢解发包。建筑工程的发包单位可以将建筑工程的勘察、设计、施工、设备采购一并发包给一个工程总承包单位,也可以将建筑工程勘察、设计、施工、设备采购的一项或者多项发包给一个工程总承包单位;但是,不得将应当由一个承包单位完成的建筑工程肢解成若干部分发包给几个承包单位。”

在此,“应当由一个承包单位完成的建筑工程”,应指单位工程。《建筑工程施工质量验收统一标准》(GB 50300—2013)第4.0.2规定:“单位工程应按下列原则划分:1具备独立施工条件并能形成独立使用功能的建筑物或构筑物为一个单位工程;2对于规模较大的单位工程,可将其能形成独立使用功能的部分划分为一个子单位工程。”

《建设工程工程量清单计价规范》（GB 50500—2013）9.9、《建设工程施工合同（示范文本）》（GF-2017-0201）通用合同条款第10.7款有关暂估价的规定，借鉴了菲迪克（FIDIC）施工合同条件中的指定分包并作了大致相同的规定。但是，要以暂估价工程的方式实施指定分包，须在施工合同专用合同条款中对哪些工程是暂估价工程有约定，总承包单位才有义务配合。

[9]《中华人民共和国合同法》第一百零七条（民法典第五百七十七条）规定：“当事人一方不履行合同义务或者履行合同义务不符合约定的，应当承担继续履行、采取补救措施或者赔偿损失等违约责任。”在此，采取补救措施与赔偿损失并列为选择事项，意味着采取补救措施包含承担相应的费用。

[10]《中华人民共和国合同法》第一百一十四条第二款规定：“约定的违约金低于造成的损失的，当事人可以请求人民法院或者仲裁机构予以增加；约定的违约金过分高于造成的损失的，当事人可以请求人民法院或者仲裁机构予以适当减少。”在此，违约金过高或过低均可要求调整。

最高人民法院关于适用《中华人民共和国合同法》若干问题的解释（二）（法释〔2009〕5号）第二十九条规定：“当事人主张

约定的违约金过高请求予以适当减少的，人民法院应当以实际损失为基础，兼顾合同的履行情况、当事人的过错程度以及预期利益等综合因素，根据公平原则和诚实信用原则予以衡量，并作出裁决。当事人约定的违约金超过造成损失的百分之三十的，一般可以认定为合同法第一百一十四条第二款规定的‘过分高于造成的损失’。”

在此，司法解释只对违约金过高该如何调整作了规定。违约金过低该如何调整？对称思考，即正负30%。

[11]《建设工程造价鉴定规范》(GB/T 51262—2017) 2.0.1规定：“工程造价鉴定指鉴定机构接受人民法院或仲裁机构的委托，在诉讼或仲裁案件中，鉴定人运用工程造价方面的科学技术和专业知识，对工程造价争议中涉及的专门性问题进行鉴别、判断并提供鉴定意见的活动。”在此，工程造价鉴定特指司法机构委托的鉴定。而其他规范，如《民用建筑可靠性鉴定标准》(GB 50292—2015)、《工业建筑可靠性鉴定标准》(GB 50144—2019) 等所述可靠性鉴定、安全性鉴定、使用性鉴定和专项鉴定等，未有此限定。

[12]《四川省住房和城乡建设厅关于进一步加强全省城镇既有房屋使用安全管理的通知》(川建房发〔2016〕973号) 第二条第一项规定：“……实施房屋建筑安全鉴定、可靠性鉴定、抗震鉴

定的房屋安全鉴定机构应当分别是……具备建筑工程设计乙级及以上资质单位……对符合上述要求的房屋安全鉴定机构，各地住房城乡建设行政主管部门不得实行市场准入限制。”

[13]《中华人民共和国民事诉讼法》第五十八条第二款第二项规定：“当事人、法定代理人可以委托一至二人作为诉讼代理人。

下列人员可以被委托为诉讼代理人：

（一）律师、基层法律服务工作者；

（二）当事人的近亲属或者工作人员；

（三）当事人所在社区、单位以及有关社会团体推荐的公民。”

《最高人民法院关于适用〈中华人民共和国民事诉讼法〉的解释》（法释〔2015〕5号）第八十六条规定：“根据民事诉讼法第五十八条第二款第二项规定，与当事人有合法劳动人事关系的职工，可以当事人工作人员的名义作为诉讼代理人。”

民诉法所言的是“工作人员”，司法解释所言的是“有合法劳动人事关系的职工”，前者的范围比后者大。实践中，法院倾向于工作人员不仅得有劳动关系，还得有社保。范围越来越窄。但是，“下列人员可以被委托为诉讼代理人”一语，并没有排除这个范围之外的人有权代理。进一步来看，当事人与代理人所签的代理合同，只要其满足合同生效的条件，不违反法律、行政法规的强制性规定或不存在其他使合同无效的情形，则其具备法律效力，代理人的代理权即成立。司法中，也许是法院不想审查代理合同的效力（这相当于案中案，会使审案效率下降），因而通过司法解释和司法实践，限制了代理人的范围。

［14］参见注释［5］。“主管”一词在相关法律中出现的频率如下。

在《中华人民共和国民事诉讼法》中仅出现一次，其第二百七十七条第三款规定：“除前款规定的情况外，未经中华人民共和国主管机关准许，任何外国机关或者个人不得在中华人民共和国领域内送达文书、调查取证。”

在《最高人民法院关于适用〈中华人民共和国民事诉讼法〉的解释》（法释〔2015〕5号）中，仅出现一次，其第二百八十六条规定：“人民法院受理公益诉讼案件后，应当在十日内书面告知相关行政主管部门。”

在《中华人民共和国民法典》中，出现11次：

第1次，第七十条第三款规定：“清算义务人未及时履行清算义务，造成损害的，应当承担民事责任；主管机关或者利害关系人可以申请人民法院指定有关人员组成清算组进行清算。”

第2次，第九十四条第二款规定：“捐助法人的决策机构、执行机构或者法定代表人作出决定的程序违反法律、行政法规、法人章程，或者决定内容违反法人章程的，捐助人等利害关系人或者主管机关可以请求人民法院撤销该决定……”

第3次，第九十五条规定：“为公益目的成立的非营利法人终止时，不得向出资人、设立人或者会员分配剩余财产。剩余财产应当按照法人章程的规定或者权力机构的决议用于公益目的；无法按照法人章程的规定或者权力机构的决议处理的，由主管机关主持转给宗旨相同或者相近的法人，并向社会公告。”

第4次、第5次，第二百八十六条第三款规定：“业主或者其他行为人拒不履行相关义务的，有关当事人可以向有关行政主管部门报告或者投诉，有关行政主管部门应当依法处理。”

第6次，第三百五十条规定：“建设用地使用权人应当合理利用土地，不得改变土地用途；需要改变土地用途的，应当依法经有关行政主管部门批准。”

第7次，第五百三十四条规定：“对当事人利用合同实施危害国家利益、社会公共利益行为的，市场监督管理和其他有关行政主管部门依照法律、行政法规的规定负责监督处理。”

第8次，第九百四十二条第二款规定：“对物业服务区域内违反有关治安、环保、消防等法律法规的行为，物业服务人应当及时采取合理措施制止、向有关行政主管部门报告并协助处理。”

第9次，第一千零八条第一款规定：“为研制新药、医疗器械或者发展新的预防和治疗方法，需要进行临床试验的，应当依法经相关主管部门批准并经伦理委员会审查同意，向受试者或者受试者的监护人告知试验目的、用途和可能产生的风险等详细情况，并经其书面同意。”

第10次，第一千零三十八条第二款规定：“信息处理者应当采取技术措施和其他必要措施，确保其收集、存储的个人信息安全，防止信息泄露、篡改、丢失；发生或者可能发生个人信息泄露、篡改、丢失的，应当及时采取补救措施，按照规定告知自然人并向有关主管部门报告。”

第11次，第一千一百零九条第二款规定：“外国人在中华人民共和国收养子女，应当经其所在国主管机关依照该国法律审查同意……”

从上述资料看，“主管”一词在法律中用于行政主管机关或部门，解释成“主动管理”更合适。

《现代汉语词典》（商务印书馆第7版，第1711页）对“主管”一词的解释：（1）[动]，负主要责任管理（某一方面）。（2）[名]（部门的）主要负责人。在此“主管”作为动词系“负主要责任管理”。该词典对“管辖”一词无解释。

《法律名词的起源（上）》（何勤华等著，北京大学出版社2009年第1版，第487页）对“管辖”一词的解释是：“‘管辖（jurisdiction）’作为法律术语是指司法机关在对具体案件进行处理时的职权分工。”“根据现行《民事诉讼法》的规定，管辖仅指各级法院和同级法院之间对一审民事案件受理裁判的权限分工，而受理一定范围内民事纠纷的权限则属于法院主管的范畴。”未见该书对“主管”一词有解释，“主管”似乎是个筐。现行《民事诉讼法》是1991年施行版，有鉴于《中华人民共和国仲裁法》1994年才施行，并请参见[5]，所以，认为管辖仅指法院之间的司法管辖权分工不再是合理的。

《元照英美法词典》(北京大学出版社2003年第1版，第77页)对“jurisdiction”的解释：“(1)司法管辖管；(法院)裁判权；审判权(2)(行政机关)的管辖权(3)管辖区域；管辖范围。”

《拉丁法律词典》([美]拉扎尔·伊曼纽尔著，魏玉娃译，商务印书馆2012年第1版，第123页)对“jurisdiction”的解释：“由美国联邦或州宪法或有关立法，赋予法院或赋予听取决定某类案件的管理机构的权利、权力和权威。也指法院在特定诉讼中对特定当事人或事件行使控制权的权力。法院决定有争议事件并明确和判决当事人权利的权力。法院的管辖权根据地理和实体两个因素确定。”

综上，“管辖”是法律术语，“主管”则不是。在我国现行法律中，“管辖”多指法院之间的司法管辖权分工，“主管”多用于行政“主管机关”“主管部门”等词(《公司法》《刑法》等法律中也用于单位“主管人员”)。参照他国法律，“管辖”应包含“主管”，而非相反，可分为司法管辖、行政管辖等，“主管”在某些情况下可作为行政管辖的替代词。法院与仲裁机构的管辖权划分，应属于司法管辖范畴，不属于主管的范畴。

[15]“GB”是“国家标准”的拼音简写。《中华人民共和国标准化法》第二条第二款规定：“标准包括国家标准、行业标准、地方标准和团体标准、企业标准。国家标准分为强制性标准、推荐性标准……”第二条第三款规定：“强制性标准必须执行……”《建设工程质量管理条例》（国务院令第714号）第十九条第一款规定：“勘察、设计单位必须按照工程建设强制性标准进行勘察、设计，并对其勘察、设计的质量负责。”按此规定，强制性标准有与法律、行政法规相等的地位，应视为法律、行政法规，而非仅仅法律性文件。

强制性条文（规范中黑体字标志的条文）是强制性标准，这在建筑界没有争议。《实施工程建设强制性标准监督规定》（建设部令第81号）第三条第一款规定：“本规定所称工程建设强制性标准是指直接涉及工程质量、安全、卫生及环境保护等方面的工程建设标准强制性条文。”该规定对于非法律人容易产生误解：强制性标准等于强制性条文。而法律人则会理解为：该规定中的强制性标准限于强制性条文（其他强制性标准不在该规定之列）。

在所有的建筑规范中，无一例外都写有用词说明：“（1）表示很严格，非这样不可的：正面词采用‘必须’，反面词采用‘严禁’。（2）表示严格，在正常情况下均应这样做：正面词采用‘应’，反面词采用‘不应’或‘不得’。（3）表示允许稍有选择，在条件许可时首先应这样做的：正面词采用‘宜’，反面词采用‘不宜’。

（4）表示有选择，在一定条件下可以这样做的，采用‘可’。”

从法律的角度来看，第（1）种、第（2）种情况说的是强制性标准。此两者系严格责任，举证责任倒置，但严格程度不同：前者不允许反证，后者允许反证。强制性条文皆见于这两种情况。第（3）种、第（4）种情况说的是推荐性标准，非严格责任，其法律效力相当于法律中的任意性规范或法律性文件。

“GF-2015-0209”中的GF，应系国家合同示范文本的拼音缩写。其法律效力与推荐性标准相当，相当于法律中的任意性规范或法律性文件。

[16]《最高人民法院关于适用〈中华人民共和国民事诉讼法〉的解释》（法释〔2015〕5号）第二百三十二条规定：“在案件受理后，法庭辩论结束前，原告增加诉讼请求，被告提出反诉，第三人提出与本案有关的诉讼请求，可以合并审理的，人民法院应当合并审理。”按该规定，原告变更或追加诉讼主体，可以属于增加诉讼请求，能在法庭辩论结束前为之。

《最高人民法院关于适用〈中华人民共和国合同法〉若干问题的解释（一）》（法释〔1999〕19号）第三十条规定：“债权人依照合同法第一百二十二条的规定向人民法院起诉时作出选择后，在一审开庭以前又变更诉讼请求的，人民法院应当准许。对方当事人提出管辖权异议，经审查异议成立的，人民法院应当驳回起诉。”按该规定，当事人有关法条竞合（责任竞合）的选择权，应在一审开庭前作出，开庭之后才作出的，法院不是必须准许的。

综观上述两者，原告在开庭后法庭辩论结束前申请变更或追加诉讼主体，虽然法院不是必须准许，但法院可以准许。

[17]《中华人民共和国合同法》第一百二十二条规定："因当事人一方的违约行为，侵害对方人身、财产权益的，受损害方有权选择依照本法要求其承担违约责任或者依照其他法律要求其承担侵权责任。"

《中华人民共和国民法典》第一百八十六条规定："因当事人一方的违约行为，损害对方人身权益、财产权益的，受损害方有权选择请求其承担违约责任或者侵权责任。"

这两者的规定大体是一致的。但是，前者系"依照本法要求其承担违约责任"，后者无"依照本法"，这种不同，应该是来源于法律单行本与法典之间难以避免的措辞调整。不过，问题随之而来：合同约定的违约责任，也在当事人的选择之列吗？按《合同法》的规定，答案是否定的，因为"依照本法要求其承担违约责任"对违约责任有限定，应指合同法规定的违约责任，不含合同约定的违约责任；而按《民法典》的规定，答案则是肯定的，因为《民法典》在此对违约责任没有限定。这种差异，预计在以后的司法实践中会产生一些混乱：按法理，合同约定的违约责任不应在当事人的选择之列，但按法条主义，当事人有权选择。

[18]《中华人民共和国民事诉讼法》第二百零五条规定：“当事人申请再审，应当在判决、裁定发生法律效力后六个月内提出；有本法第二百条第一项、第三项、第十二项、第十三项规定情形的，自知道或者应当知道之日起六个月内提出。”第二百条规定：“当事人的申请符合下列情形之一的，人民法院应当再审：（一）有新的证据，足以推翻原判决、裁定的……”

按以上规定，本案加固工程结算如可以作为新证据，则申请再审的期限为从其形成之日起六个月内。

《最高人民法院关于适用〈中华人民共和国民事诉讼法〉的解释》（法释〔2015〕5号）第三百八十七条规定：“再审申请人提供的新的证据，能够证明原判决、裁定认定基本事实或者裁判结果错误的，应当认定为民事诉讼法第二百条第一项规定的情形。对于符合前款规定的证据，人民法院应当责令再审申请人说明其逾期提供该证据的理由；拒不说明理由或者理由不成立的，依照民事诉讼法第六十五条第二款和本解释第一百零二条的规定处理。”第三百八十八条第一款规定：“再审申请人证明其提交的新的证据符合下列情形之一的，可以认定逾期提供证据的理由成立：……（三）在原审庭审结束后形成，无法据此另行提起诉讼的。”

按以上规定，本案加固工程结算属于庭审结束后形成的新证据，即使“逾期提供该证据的理由”成立，也应不“能够证明原判决、裁定认定基本事实或者裁判结果错误的”。故若原告申请再审，法院应当受理，经审查后，应裁定维持原判决。

主要参考书目

1.［英］罗素:《宗教与科学》，徐奕春、林国夫译，商务印书馆1982年版。

2.［法］欧内斯特·勒南:《耶稣传》，梁工译，商务印书馆2010年版。

3.［古希腊］色诺芬:《长征记》，崔金戎译，商务印书馆1985年版。

4.［美］纳西姆·尼古拉斯·塔勒布:《反脆弱》，雨珂译，中信出版社2014年版。

5.［德］朗宓榭:《小道有理：中西比较新视阈》，金雯、王红妍译，三联书店2018年版。

6.［德］弗兰克·施尔玛赫:《自私：生命的游戏》，谭琳译，机械工业出版社2014年版。

7.［美］安索尼·T.克罗曼:《迷失的律师》，田凤常译，法律出版社2010年版。

8. [美] C.亚历山大等:《建筑模式语言》，王听度、周序鸿译，知识产权出版社2002年版。

9. [美] C.亚历山大:《建筑的永恒之道》，赵冰译，知识产权出版社2004年版。

10. [英] 梅因:《古代法》，沈景一译，商务印书馆1959年版。

11. [英] 马特・里德利:《自下而上：万物进化简史》，闾佳译，机械工业出版社2017年版。

12. Joseph Campbell, *The Power of Myth*, Apostrphe S Production, Ins., and Alfed van der March Edition, 1991.

13. [美] 理查德・A.波斯纳:《法律与文学》，李国庆译，中国政法大学出版社2002年版。

14. 何勤华等:《法律名词的起源（上、下）》，北京大学出版社2009年版。

15. 薛波、潘汉典主编:《元照英美法词典: English-Chinese Dictionary Of Anglo-American Law》，法律出版社2003年版。

16. [美] 拉扎尔伊・曼努尔:《拉丁法律词典》，魏玉娃译，商务印书馆2012年版。